NICOLAS BOUSSU

MANGIN
SANS
CASQUE

PARIS
LIBRAIRIE DE LA BIBLIOTHÈQUE OPPORTUNE
148, RUE DE RIVOLI, 148

MANGIN SANS CASQUE

LA BIBLIOTHÈQUE OPPORTUNE

EN PRÉPARATION :

TOME II. — **Jésuites et Curés.**

TOME III. — **Le Plébiscite de 1881.**

NICOLAS BOUSSU

MANGIN

SANS

CASQUE

PARIS
LIBRAIRIE DE LA BIBLIOTHÈQUE OPPORTUNE
148, RUE DE RIVOLI, 148

AU PEUPLE

VICTIME DU CHARLATANISME

Je dédie ce petit livre.

N. B.

PREFACE

Mangin, — *le célèbre Mangin!* — est mort, si je ne me trompe, il y a une quinzaine d'années. Bien de nos contemporains peuvent donc se rappeler l'avoir vu, sur la place de la Madeleine ou sur celle de la Bastille, débitant ses magnifiques crayons dorés et ses mirifiques boniments. Ces crayons — ces boniments surtout — lui rapportèrent une fortune considérable.

Ce n'est pas du haut d'un balcon que Mangin haranguait la foule. C'est du haut d'une voiture somptueuse, traînée par des chevaux brillamment empanachés. — Je donne ces détails pour *les jeunès*, pour ceux qui n'ont pas connu Mangin. — Il portait de riches vêtements de velours noir, brodé d'or. Il était coiffé d'un casque splendide, *mirobolant*, comme disaient les enfants. Et les passants grands et petits, vieux et jeunes, bonnes d'enfants et soldats, étrangers et provinciaux, pauvres et riches, s'arrêtaient une heure devant lui, écoutant ses interminables discours, toujours les mêmes quant au fond, toujours nouveaux dans la forme.

Et il blaguait ! Il fallait voir.

Il taillait l'un de ses crayons avec un sabre ou avec un rasoir; il enfonçait la pointe, à grands coups de marteau, et sans la casser, dans un morceau de bois; puis, souvent, de sa main exercée, il faisait le portrait-charge, étonnant de ressemblance, de l'un des innombrables badauds qui étaient là, la bouche béante, écoutant et admirant. Et alors, on faisait ce qu'il voulait ; on lui donnait ce qu'il demandait. Sa voiture qui, à deux heures, était arrivée sur telle ou telle place, bourrée de paquets de crayons, rentrait à vide, trois heures plus tard, au domicile du maître.

Les recettes, chaque jour, étaient colossales.

« C'était un charlatan », me dira-t-on.

Point, mes amis.

Mangin n'était pas un charlatan.

Mangin était un industriel fort honorable et aussi fort habile, qui sut tout simplement deviner l'esprit de son temps. Il comprit la puissance du charlatanisme sur le bon peuple français de la seconde moitié du XIXe siècle et il usa du charlatanisme, sans être nullement charlatan.

⁂

M. Grévy, président actuel de la République actuelle, a traité un jour M. Gambetta de : **MANGIN SANS CASQUE.**

Le mot n'est pas flatteur... pour Mangin.

Mangin, en effet, était un honnête homme. Lorsqu'il promettait, par exemple, que sa marchandise était bonne, il ne mentait pas. Ses crayons, qu'on vend encore aujourd'hui, sont là qui l'attestent. La fortune qu'il gagna fut donc très régulièrement gagnée.

Certes, M. Gambetta a bien promis, lui aussi, de la *bonne... marchandise.* Mais, au contraire de Mangin, il en a livré de la fausse ou, plus exactement, il n'a rien livré du tout.

Ce qui — chose étrange et qu'il faut observer en passant — ne l'a pas empêché de faire fortune.

Puis, Mangin faisait un noble usage de sa fortune. Si le vénérable abbé Deguerry vivait encore, il pourrait dire que, plus d'une fois, la recette entière d'une journée de Mangin passa dans la caisse des pauvres du quartier de la Madeleine. Par contre, je n'ai jamais entendu dire que M. Gambetta ait consacré aux pauvres une journée seulement des fantastiques revenus dont il jouit.

*
* *

Mais enfin, le mot de M. Grévy est exact : comme Mangin, M. Gambetta a compris que c'est par le charlatanisme qu'il soumettrait la France à sa domination.

C'est par les boniments que Mangin amusait la foule ; c'est par les boniments que Gambetta nous trompe.

Le premier avait un Casque;

Le second n'en a pas.

Voilà toute la différence.

NICOLAS BOUSSU.

PREMIÈRE PARTIE

TOUT PAR LE CHARLATANISME

I.

Le contrat de Belleville.

Je n'ai pas, loin de là, la prétention d'écrire une biographie de Gambetta.

Mon but — et je n'en poursuis pas d'autre — sera atteint si je justifie le titre de ce petit livre, si je prouve simplement que Gambetta est un charlatan, autrement dit, un farceur.

Pour cela, il n'est pas nécessaire d'aller le chercher sur les bancs du séminaire de Montauban, ni même sur les divans du café Procope.

Il suffit de le prendre à l'origine de sa fortune politique, au lendemain du jour où il venait de défendre Delescluze dans l'affaire Baudin, lorsque les électeurs de Belleville lui offrirent la candidature à la députation.

Tout le monde le sait : Gambetta était alors partisan du mandat impératif; c'est-à-dire qu'il admettait que l'élu doit obéir en tous points à la volonté nettement exprimée des électeurs.

Aujourd'hui encore, M. Gambetta est partisan du mandat impératif. Seulement, ce n'est plus aux électeurs, mais à lui, Gambetta, que les élus doivent obéir.

A cela près, ses opinions sont, en 1881, ce qu'elles étaient en 1869.

*
* *

Les électeurs de Belleville, en offrant la candidature à M. Gambetta, lui imposèrent donc un mandat net et précis et, pour qu'aucun malentendu ne subsistât, un contrat formel intervint entre les mandants et le mandataire.

Ce contrat, le voici :

Au nom du suffrage — *ce sont les électeurs qui parlent,* — au nom du suffrage, donnons mandat à notre député d'affirmer les principes de la démocratie et de revendiquer énergiquement :

La liberté individuelle;

L'abrogation de la loi de sûreté générale et la responsabilité directe de tous les fonctionnaires;

Les délits politiques de tout ordre déférés au jury;

La liberté de la presse dans toute sa plénitude, débarrassée du timbre et du cautionnement;

La liberté de réunion sans entrave et sans piège, avec la faculté de discuter toute question religieuse, philosophique, politique et sociale;

La liberté d'association pleine et entière;

La suppression du budget des cultes et la séparation de l'Église et de l'État;

L'instruction primaire, laïque, gratuite et obligatoire;

La suppression des octrois;

La suppression des gros traitements;

La nomination de tous les fonctionnaires publics par l'élection;

La modification de notre système d'impôts;

L'abolition des privilèges et monopoles que nous définissons — *ce sont toujours les électeurs qui parlent* — par ces mots : « primes à l'oisiveté. »

Les réformes économiques qui touchent au problème social et dont la solution peut seule réaliser complètement notre formule :

« *Liberté, égalité, fraternité.* »

*
* *

C'était à prendre ou à laisser.

*
* *

M. Gambetta aima mieux prendre :

Citoyens électeurs — *répondit-il* — ce mandat, je l'accepte. J'adhère pleinement à la déclaration de principes et à la revendication des droits dont vous me donnez commission de poursuivre la réclamation à la tribune. Notre contrat est complet. Je suis à la fois votre mandataire et votre dépositaire. Je fais plus que consentir : *Voici mon serment :* JE JURE OBÉISSANCE AU PRÉSENT CONTRAT et fidélité au peuple souverain.

II.

Le contrat tient toujours !

Voilà le contrat.

Depuis, vingt fois M. Gambetta a donné l'assurance que « le contrat tenait toujours. »

> On me reproche — *s'écriait-il, il n'y a pas bien longtemps et devant les mêmes électeurs* — on me reproche de n'avoir pas voulu « couper ma queue. » Eh! bien, non; je n'ai pas coupé ma queue et je ne suis pas prêt à le faire. En veut-on la preuve? La voici : Je suis ici, mes chers concitoyens, au milieu de vous, tel que vous m'avez toujours connu!

Le programme des mandants était net et précis;

L'acceptation du mandataire, plusieurs fois confirmée, ne fut — on vient de le voir — ni moins nette, ni moins précise.

M. Gambetta eut un jour une belle occasion de mettre ce programme en pratique.

C'était le 18 mars 1871.

Je m'empresse seulement d'ajouter qu'il serait souverainement injuste de lui reprocher de n'avoir pas profité de cette occasion :

Il eût fallu être à Paris et il était alors en villégiature, à Saint-Sébastien, en train de se reposer sur les lauriers.... qu'il avait fait gagner à la Prusse.

Et, *pendant ce temps-là* — comme dit la chanson — ses électeurs se faisaient casser la tête pour le triomphe des principes (!) et des droits (?) que l'élu de 1869 leur avait juré de défendre et de revendiquer !

*
* *

Mais, dix années se sont écoulées depuis que Gambetta a laissé échapper cette si... *riche* occasion de prouver qu'il n'était pas un farceur.

Et, depuis, d'autres occasions se sont

peut-être offertes à lui de faire la même preuve?

Je reconnais sans peine que, sous la présidence de M. Thiers et sous celle du maréchal de Mac-Mahon, il lui était difficile d'obtenir, par exemple, la suppression des octrois et celle des gros traitements.

Je ne serais pas juste si je ne reconnaissais pas cela.

Il me sera, seulement, permis d'observer que de 1872 à 1878, *pas une seule fois*, pas même lorsqu'il était président de la commission du budget, il n'est monté à la tribune pour demander l'une ou l'autre de ces deux réformes, prévues pourtant par le contrat de Belleville.

Ces réformes, — je l'accorde — il ne les eût sans doute pas obtenues. Mais, enfin, il eût pu les proposer.

Il l'eût pu et il l'eût dû... puisque *le contrat tient toujours*. Il est vrai que si le contrat était *exécuté*, il ne tiendrait plus.

C'est pour cela sans doute que l'honnête Gambetta ne l'exécute pas.

Gros malin !

*
* *

Un barbier fameux avait écrit, lui aussi, sur son enseigne, les quatre mots que voici :

« DEMAIN, *on rasera* GRATIS. »

Et les badauds qui revenaient le lendemain trouvaient la même enseigne sur la porte.

« *Le contrat qui tient toujours* » rappelle très exactement le « *demain, on rasera gratis.* »

Seulement la plaisanterie du barbier était *bonne* et celle de M. Gambetta nous paraît tout à fait *mauvaise.*

III.

Le bilan du contrat.

Mais il ne s'agit pas de récriminer.

Ce qui est fait est fait.

Ou, plutôt, ce qui n'est pas fait n'est pas fait.

Et, puisque nous voici à l'année 1879, c'est-à-dire à l'avènement de la toute-puissance de M. Gambetta, examinons en quoi et comment, depuis plus de deux ans, cette toute-puissance s'est employée en vue de la réalisation des promesses faites par serment en 1869.

De deux choses l'une :

Ou je suis un farceur, ou c'est M. Gambetta qui en est un.

S'il est prouvé que lui, qui fait exécuter

toutes ses volontés par la majorité la plus servile qui se soit jamais rencontrée dans une Chambre française, s'il est prouvé que Gambetta a fait voter une des réformes, *une seule* des réformes inscrites dans le contrat de Belleville, c'est moi qui suis le farceur.

S'il est prouvé, au contraire, que pas une, *pas une seule* de ces réformes n'a été adoptée, proposée seulement par lui ou par ses amis, il faudra bien reconnaître que c'est lui qui est le farceur.

*
* *

C'est en quelque sorte un bilan du contrat de Belleville que je vais établir. Je vais rappeler, une par une, toutes les promesses que fit, il y a douze ans, le défenseur de Delescluze, *l'irréconciliable* ennemi de tous les despotismes, l'ami passionné de toutes les libertés, le *démocrate radical*, comme il s'appelait lui-même.

Ce *bilan* une fois établi, ma tâche sera singulièrement simplifiée :

Le lecteur pourra conclure avant que je l'aie fait moi-même ; il pourra dire si, oui ou non, le grand maître de l'opportunisme, le despote occulte et sans responsabilité de la France est digne encore, en 1881, de la confiance que les électeurs lui accordèrent en 1869 et lui ont naïvement conservée jusqu'en 1877.

IV.

La liberté de réunion.

M. Gambetta avait promis *la liberté de réunion.*

Cette liberté, à l'heure actuelle, est *un mot*, pas *un fait*. En Angleterre, deux mille, cinq mille, dix mille individus peuvent se réunir librement, *sans entrave, sans piège, avec la liberté* — je cite les termes mêmes du contrat de Belleville, — *de discuter toute question religieuse, philosophique, politique et sociale.*

En France, il n'en est pas de même.

Il est vrai qu'en France ces individus sont les *citoyens* d'une république, tandis qu'en Angleterre, ils sont les *sujets* d'une reine.

Sous la République française, l'autorisation préalable est encore nécessaire ; la présence des agents de M. Gambetta ou de son préfet de police, est encore obligatoire. Essayez, citoyen lecteur, d'organiser une réunion *publique* pour prouver ce que je vais prouver ici, à savoir que M. Gambetta est un farceur et qu'il a violé tous ses serments, et vous m'en direz des nouvelles.

La seule liberté de réunion que nous ayons, c'est la liberté de réunion *privée*. Mais, celle-là existe, parce qu'elle n'a pas besoin d'être accordée.

Autrement, on peut être sûr qu'elle n'existerait pas plus que l'autre.

V.

La liberté de la presse.

M. Gambetta avait promis *la liberté de la presse, entière, illimitée, absolue, débarrassée du timbre et du cautionnement.*

L'impôt politique sur le papier a remplacé le timbre ; le cautionnement n'est pas supprimé et les procès de presse ne peuvent plus se compter. Les républicains eux-mêmes — je parle, bien entendu, de ceux qui estiment, comme moi, que M. Gambetta n'est pas autre chose qu'un farceur — les républicains eux-mêmes sont frappés comme aux plus beaux jours de l'Empire.

*
* *

On me dira, il est vrai, que la Chambre des Députés a voté récemment une nouvelle loi sur la presse.

Et, en effet; à la suite du vote de cette loi, les journaux opportunistes n'ont pas manqué de dire que nous étions enfin débarrassés de *l'arsenal* des vieilles lois restrictives, répressives, de l'Empire et de la Restauration.

Mais les journaux opportunistes ne seraient pas les dignes organes de leur patron s'ils n'étaient pas farceurs comme lui.

La vérité est que, de toutes les lois anciennes composées chacune de trois ou quatre articles répressifs, on a fait une seule loi composée de soixante et je ne sais plus combien d'autres articles non moins répressifs.

Ce n'est même pas ce qui peut s'appeler *dorer la pilule.*

C'est tout simplement ce qui peut s'appeler faire gober une seule pilule, mais vingt cinq fois plus grosse, aux lieu et place de vingt cinq autres, vingt cinq fois plus petites.

Quel charlatanisme, mon Dieu !

*
* *

Il est juste de reconnaître, cependant, que les anciennes lois interdisaient d'insulter dans les journaux tout ce qui, de près ou de loin, touche à la religion de l'immense majorité des Français et qu'avec la nouvelle loi, au contraire, on serait *libre*, si le Sénat n'a pas la sagesse de rétablir cette interdiction, de blasphémer Dieu, d'outrager l'Église, d'injurier ses prêtres.

Mais cette liberté là ce n'est pas la liberté.

La liberté ne consiste pas seulement à agir à sa propre guise ;

Elle consiste aussi à ne pas gêner la guise d'autrui.

Nos législateurs semblent avoir compris ce principe en maintenant dans leur nouvelle loi la répression des écrits et des images obscènes qui offensent publiquement la morale acceptée par le plus grand nombre.

Et personne ne leur a reproché, en effet, d'avoir fait une chose contraire à la liberté en agissant ainsi.

On ne leur aurait pas reproché davantage d'avoir fait une chose contraire à la liberté parce qu'ils auraient maintenu la répression des écrits et des images ignobles qui offensent publiquement la religion professée par le plus grand nombre.

Encore une fois, la liberté de la presse n'existe pas plus aujourd'hui qu'elle n'existait hier.

La seule liberté nouvelle que nous donne la nouvelle loi elle-même est une offense flagrante aux principes essentiels de la liberté.

Cette loi n'est pas une *loi sur la liberte de la presse*, comme on l'a nommée :

C'est une *loi contre la liberté de la presse.*

VI.

La liberté d'association.

M. Gambetta avait promis *la liberté d'association.*

Des associations existent; la liberté d'association n'existe pas, puisque l'administration, tout entière à la dévotion de M. Gambetta, est libre, comme par le passé, d'octroyer ou de refuser les autorisations nécessaires.

Je pourrais citer de nombreuses Sociétés qui ont sollicité et sollicitent encore, mais en vain, le droit d'exister à l'état régulier et légal de Société. Voici, d'ailleurs, à l'appui de mon assertion, un exemple frappant que me rappelle la présence récente de M. Gambetta à l'une des séances solennelles de la *Ligue de l'Enseignement laïque.*

Cette Société fut fondée, sous l'Empire,

par un monsieur Macé. Le Gouvernement *impérial* — ce qui ne veut pas dire *libéral* — l'autorisa, *approuva ses statuts.*

Qu'on remarque bien ces trois derniers mots : « *approuva ses statuts* ».

Or, en 1879, un groupe d'hommes politiques, parmi lesquels se trouvaient M. d'Haussonville, membre de l'Académie française et sénateur, et M. le général de Chabaud-Latour, sénateur également et ancien ministre de la *République*, voulurent, à leur tour, fonder une Société d'enseignement.

Que firent-ils ?

Sachant combien l'Administration de la République actuelle est tracassière, ils copièrent textuellement les statuts de leur Société projetée sur ceux de la *Ligue de l'enseignement* dont je parle plus haut.

« Comme cela, se dirent-ils, on nous accordera sans difficulté aucune les autorisations nécessaires, et d'autant plus facilement que M. Gambetta et M. Jules Ferry sont les protecteurs de la *Société* à laquelle nous avons emprunté les statuts de la nôtre. »

Voilà ce que se dirent MM. d'Haussonville et de Chabaud-Latour et alors ils demandèrent, en toute confiance, au Ministre de l'Instruction publique — M. Jules Ferry précisément — les autorisations dont il s'agit et que prescrit l'article 221 du Code pénal.

Cet *article* en effet, et soit dit en passant, existe encore aujourd'hui tout comme si M. Gambetta n'eût jamais signé le contrat de Belleville, aux termes duquel il devrait être abrogé.

L'autorisation est encore nécessaire et, naturellement, l'autorisation fut refusée à MM. d'Haussonville et de Chabaud-Latour.

Ces messieurs interpellèrent M. Jules Ferry ; la majorité, fidèle à M. Gambetta, donna raison au ministre gambettiste. La République de M. Gambetta n'accordait même pas ce qu'avait accordé l'Empire autoritaire. Certes, je ne suis pas impérialiste; mais, en vérité, c'est à dégoûter de ne plus vivre sous l'Empire.

On ne pouvait pourtant pas reprocher à MM. d'Haussonville et de Chabaud-Latour d'être des jésuites:

Tous deux sont protestants !

*
* *

Voilà la liberté d'association sous le mandarinat plus ou moins occulte de M. Gambetta, douze ans après le serment de Belleville, douze ans après la signature du contrat qui tient toujours !

Cette liberté n'existe pas. L'exemple que je viens de citer le prouve et d'ailleurs les mesures prises en 1880 contre les associations religieuses n'établissent nullement qu'on a un bien grand respect pour cette même liberté.

Car enfin l'exercice de la liberté n'admet pas deux poids et deux mesures.

Et si les amis de M. Gambetta sont seuls admis à jouir de la liberté, il faut être farceur pour affirmer que la liberté existe.

VII.

La liberté individuelle.

M. Gambetta avait promis la *liberté individuelle* et l'*abrogation de la loi de sûreté générale.*

Or, la liberté des citoyens continue à être à la discrétion du Préfet de police à Paris, des agents de la sûreté générale dans les départements.

Il ne se passe pas un jour sans que cette liberté ne soit méconnue, violée. Cela dépend du bon plaisir de ceux qui nous gouvernent. Ils estiment qu'il est opportun de laisser la liberté à celui-ci et qu'il est inopportun de la retirer à celui-là. Jamais l'arbitraire ne s'exerça avec une semblable effronterie.

Les citoyens français ne sont pas seuls menacés. Le directeur de l'un de nos principaux journaux français est forcé de vivre à Bruxelles, sous le prétexte qu'il est Irlandais. M. Gambetta qui, en 1869, estimait que la France devait donner asile aux étrangers qui avaient tenté d'assassiner leur souverain, n'a rien trouvé à dire le jour où ce sympathique écrivain, Français par le cœur — je parle de M. le baron Harden-Hickey — fut conduit à la frontière par deux agents de la police opportuniste.

La République de M. Gambetta a donné ce jour-là et du même coup la mesure exacte du grand respect qu'elle a pour la liberté de la presse et pour la liberté individuelle.

Et l'on dira que M. Gambetta n'est pas un farceur!

Allons donc!

*
* *

Quant à la loi de sûreté générale, il faudrait un fier toupet pour dire qu'elle est abrogée, puisque toutes les dispositions de cette loi sont encore en vigueur sous une autre forme.

Aussi bien, pourquoi m'attarder à prouver que jamais nous n'avons eu moins de liberté que depuis le jour où M. Gambetta exerce son pouvoir occulte, lorsque je vois certains de ses amis eux-mêmes, de bonne foi, ceux-là, reconnaître que les trois quarts des monarchies européennes sont trois fois plus libérales que la République française.

Je cite le *Globe* qui sort des mêmes presses que la feuille de M. Gambetta :

Les Anglais, les Belges, les Italiens, — *écrivait ce journal, il n'y a pas bien longtemps encore*, — ont, dans le cadre de leurs constitutions monarchiques, une largeur d'allures, une énergie et une facilité de mouvement qui aurait suffi à beaucoup de républiques anciennes et modernes... Les Hollandais, les Danois, les Scandinaves jouissent de toute l'émancipation de l'esprit et de toute la spontanéité que peuvent désirer des hommes libres.

*
* *

Un gambettiste nous souhaitant, sous le règne de Gambetta, autant de liberté qu'on en a en Italie, en Belgique, en Angleterre, en Hollande, au Danemark, en Suède et en Norwège...

Allons! Je commence à croire que ce n'est pas moi qui suis le farceur.

VIII.

La responsabilité des fonctionnaires.

M. Gambetta avait promis *la responsabilité directe de tous les fonctionnaires publics.*

Et, quand un fonctionnaire patronné par lui succombe sous le poids de ses fautes ou de son incapacité, M. Gambetta, non-seulement ne provoque pas son remplacement, ne pousse pas à son renvoi : véritable mandarin chinois, il va jusqu'à braver l'opinion publique. On en a vu un exemple récent. La presse était unanime à demander qu'on donnât un successeur à son ami Andrieux, préfet de police. Plus les plaintes étaient vives contre ce fonctionnaire et plus Gambetta usait de sa toute puissante influence pour qu'il gardât sa fonction.

C'est drôle.

Il y a plus drôle :

Quand il s'agit des ministres dont la responsabilité est bien plus sérieusement engagée, c'est absolument la même chose. Les Chambres ont beau renverser par leurs votes les ministres munis de portefeuilles de par la volonté de notre mandarin : lesdits ministres retombent sur leurs pattes, restent sur leurs fauteuils et gardent leurs portefeuilles.

L'incapacité d'un ministre de la guerre peut nous faire perdre l'Algérie. Qu'importe? S'il plaît à M. Gambetta qu'il reste, au risque de nous faire perdre d'autres provinces : il restera.

Et, pourtant, M. Gambetta, en signant le contrat de Belleville, se déclarait implicitement l'adversaire résolu du pouvoir personnel !

Farceur !

Farceur toujours !

IX.

Les délits politiques soumis au jury.

M. Gambetta avait promis que *les délits politiques de tout ordre* seraient dorénavant *déférés au jury.*

Et il n'y a pas deux affaires politiques sur mille dont le jugement soit confié au jury. Tous les délits politiques commis depuis plus de dix ans que nous sommes en République ont été tous, à quatre ou cinq exceptions près, déférés aux tribunaux correctionnels.

J'ai eu l'honneur un jour d'être poursuivi par un maire de la République, digne sous tous les rapports de M. Constans, son ministre. M. Constans est *vidangeur;* le maire en question est *enleveur de gadoues.*

La différence n'est pas énorme, on le voit.

Confiant dans les promesses du contrat de Belleville, je me suis, le jour de l'audience, rendu directement à la Cour d'assises. J'en ai trouvé les portes fermées. J'ai cherché dans une autre salle des jurés qui, après avoir reconnu que je n'avais dit que la plus exacte vérité sur le cas du maire en question, m'auraient absous. Je n'ai trouvé que des juges correctionnels qui m'ont condamné.

C'était en 1880.

Et c'était absolument comme en 1869!

Et c'étaient des fidèles de M. Gambetta qui me poursuivaient!

C'était ce pauvre Albert Joly, sur la tombe duquel Gambetta est venu pleurer de son œil et pérorer de sa langue, qui requérait contre moi!

Farceurs!

Tous farceurs!

X.

La séparation de l'Eglise et de l'Etat.

M. Gambetta avait promis *la séparation de l'Eglise et de l'Etat.*

Or, l'on connaît son projet de la constitution d'un clergé dit « *National* ».

Les flatteries hypocrites qu'il a débitées à une époque à l'adresse du clergé des campagnes, les relations qu'il a cherché à nouer depuis avec plusieurs de nos évêques, les peines — perdues — qu'il se donne chaque fois qu'un siège épiscopal devient vacant, pour dénicher un prêtre qui seconderait ses plans machiavéliques, tout cela, et d'autres choses semblables, prouve bien que M. Gambetta n'est nullement disposé à poursuivre la séparation de l'Eglise et de l'Etat.

Mais les catholiques n'ont nullement à

lui en savoir gré. Il n'y a là, de sa part, qu'une simple manœuvre. Il connaît, il comprend la puissance de l'Eglise. Il voudrait se servir d'elle, au risque de la compromettre. L'Eglise — malheureusement pour lui et heureusement pour elle — n'a jamais accepté ces marchés-là. Elle ne sert pas de marchepied à un aventurier et M. Gambetta en sera pour ses frais.

Il n'en est pas moins vrai que ces frais il les a faits, qu'il les fait encore et que, sur ce point comme sur les autres, il est infidèle au contrat de Belleville.

Si donc, à la veille des prochaines élections, Gambetta a le toupet de dire aux électeurs :

« Le contrat tient toujours. Nous ferons la séparation de l'Eglise et de l'Etat. »

Les électeurs auront raison de lui répondre :

« Vous êtes un farceur. »

XI.

L'instruction laïque, gratuite et obligatoire.

M. Gambetta avait promis *l'instruction laïque, gratuite et obligatoire....*

Ici, ceux de ses amis qui liront ces lignes vont se donner un air de triomphe.

Ils me diront : « Vous êtes pris ; c'est « vous qui êtes le farceur.... Nous avons « déjà l'instruction laïque, demain nous « allons avoir l'instruction gratuite et « après demain nous aurons l'instruction « obligatoire. Or, vous avez affirmé que Léon « n'a tenu *aucune* des promesses du contrat « de Belleville et.... en voici déjà au moins « une. »

J'accepte l'objection. Il me sera bien permis seulement d'y répondre et de prouver qu'elle est absolument fausse.

Et d'abord, en admettant que l'objection

soit exacte *en fait* — ce qui n'est pas, je vais le prouver dans un instant — je prétends qu'elle est tout à fait inexacte *au fond*.

L'enseignement laïque, gratuit et obligatoire serait-il décreté et serait-il décreté grâce à la seule influence de M. Gambetta, qu'est-ce que cela prouverait?

Et cela prouverait-il que M. Gambetta a été fidèle, même sur ce seul point, au contrat auquel il a juré obéissance en 1869?

Je dis : non.

Car, avant de promettre l'instruction laïque, obligatoire et gratuite, il a promis la liberté.

Et, imposer rendre **obligatoire** l'instruction laïque, c'est-à-dire l'instruction athée, même en la déclarant gratuite, c'est porter un des plus flagrants attentats à l'une des libertés les plus sacrées : la liberté de conscience.

Si, par conséquent, M. Gambetta avait tenu la promesse dont il s'agit, il aurait manqué à cette autre promesse, bien autrement grave et sérieuse, contenue dans ce même contrat de Belleville, lequel dit :

« Notre formule est : **Liberté, Éga-« lité, Fraternité.** »

Donner et retenir, dans tous les pays du monde, cela équivaut, en effet, à ne rien donner du tout.

*
* *

Mais l'objection des partisans de M. Gambetta n'est pas fausse seulement *au fond*, elle est fausse aussi *en fait*.

Malgré tous les votes passés, présents et futurs de la Chambre des députés, l'instruction, grâce à Dieu, n'est devenue et ne deviendra jamais ni laïque, ni obligatoire.

On laïcise les écoles publiques.

C'est fort bien.

On ne peut empêcher qu'il ne se fonde des écoles chrétiennes à côté de celles-là, et les statistiques établissent fort à propos que ce ne sont pas ces écoles chrétiennes qui sont les moins fréquentées.

Et alors, qu'est-ce que l'on a prétendu décréter?

L'enseignement sans Dieu?

Mais les écoles où l'on donne l'enseignement chrétien — les anciennes et les nouvelles — sont plus florissantes que jamais.

C'est donc comme si l'on avait rien décrété du tout.

*
* *

A-t-on voulu, veut-on décréter *l'enseignement gratuit?*

Mais l'on sait bien que jamais, dans aucune école primaire *chrétienne*, l'instruction n'a été refusée à un enfant dont les parents ne pouvaient pas payer les frais d'école. Je connais même de ces écoles chrétiennes, qui ont accueilli — je devrais dire *recueilli* — des élèves qui avaient été repoussés de l'école publique républicaine.

Et elles en recueillent encore tous les jours.

Il est vrai que les instituteurs qui repoussent ces élèves sont de fidèles gambettistes. Ils considéraient, ils considèrent comme bien au-dessous d'eux d'instruire des enfants qui ne pouvaient pas, qui ne peuvent pas apporter leurs quarante sous ou leurs trois francs à la fin du mois.

Les frères de la doctrine chrétienne, les écoles libres ont toujours ouvert leurs portes à ces malheureux enfants.

Et il en sera toujours ainsi.

On n'a donc pas inventé l'enseignement gratuit.

Il est vrai qu'on prétend inventer l'*enseignement obligatoire*, car je ne crois pas que celui-là soit décrété déjà.

Eh bien ! c'est encore comme si l'on voulait prendre la lune avec les dents.

L'enseignement n'a jamais été, n'est et ne sera jamais obligatoire.

C'est impossible.

Il viendra un jour — je désire que ce jour soit aussi prochain que possible — où il n'y aura plus un seul enfant en France qui soit privé des éléments au moins de l'enseignement.

Cela, c'est l'affaire du progrès et je suis sans inquiétude à ce sujet. Dans dix ans, et bien avant dix ans, je le désire encore, il n'y aura plus en France un seul père de famille qui ne comprenne que ses enfants doivent savoir lire, écrire, compter et connaître au moins les grandes divisions du globe, pas un enfant qui ne comprenne — si ses parents ont été négligents — qu'il doit apprendre cela.

Mais, encore une fois, c'est l'affaire du progrès et aucune mesure répressive n'y fera jamais rien, ne servira jamais à obtenir un résultat semblable.

La loi n'est pas votée en ce qui concerne

l'*obligation*. Par conséquent — et pour rester dans les limites de mon sujet qui est de prouver que Gambetta est un farceur — Gambetta ne peut se faire un titre de gloire du vote de cette loi. Mais je dis, j'affirme que le jour où elle serait votée, elle serait absolument, matériellement inapplicable.

On n'applique pas des choses semblables.

Avant peu les moyens d'instruction se seront développés de telle sorte qu'ils pénétreront partout, jusque dans le plus reculé de nos hameaux. Et, grâce à des procédés qui existent déjà ou qui existeront plus rapides et plus perfectionnés alors, l'enfant se trouvera en mesure — si son père ou sa mère ne peut pas ou ne sait pas encore l'instruire — de s'instruire lui-même.

Je parle là, on le comprend, non pas en vue de Paris et des grands centres, mais en vue des localités où les familles n'auraient pas, pour une cause ou pour une autre, la facilité du choix des maîtres à donner leurs enfants.

Car **m'obliger,** moi, père de famille, habitant un hameau ou un village désert, à envoyer mon fils ou ma fille chez vos maîtres à vous, chez des instituteurs formés dans vos Écoles normales athées, **m'obliger** à confier mon enfant à un homme qui, ne lui apprenant pas à connaître Dieu lui apprendra fatalement à ne pas le connaître...

Eh bien! *non:*

Vous me ferez payer des amendes d'abord; vous me mettrez en prison ensuite et vous m'y mettrez encore.

Mais, vous ne **m'obligerez** jamais à cela.

*
* *

Je m'arrête sur ce sujet.

M. Gambetta avait promis la laïcité de l'enseignement:

Elle n'existe pas.

M. Gambetta avait promis la gratuité de l'enseignement :

Elle existait avant que Cahors lui eût donné le jour.

M. Gambetta avait promis l'obligation de l'enseignement :

Elle n'existera jamais ; elle ne peut exister.

M. Gambetta est de plus en plus farceur.

XII.

La suppression des octrois.

M. Gambetta avait promis *la suppression des octrois.*

Or, depuis 1869 et même depuis 1879, date de la grandeur de M. Gambetta, non seulement on n'a pas supprimé un seul octroi, mais tous les jours, au contraire, on en établit de nouveaux.

Je dois rendre cependant cette justice à M. Gambetta, qu'il était tout disposé à supprimer l'octroi de Ville-d'Avray.

Mais... il n'en existe pas dans cette commune ;

Il y a même des chances pour qu'on n'en établisse pas un de si tôt.

*
* *

En attendant, et pendant que M. Gambetta ne paiera pas d'entrée pour faire venir des vins non *mouillés* dans son domaine de Ville-d'Avray, les électeurs de Belleville et ceux, d'ailleurs, de toutes les villes de France, continueront à payer des droits exorbitants pour boire du vin *fuchsiné.*

Je dis bien *vin fuchsiné,* nonobstant les expresses défenses de Léon, qui, dans son fameux discours aux marchands de vins, a daigné leur permettre d'y mêler de l'eau — *mais de l'eau seulement* ! — a-t-il ajouté gracieusement....

Jolie façon, en vérité, de supprimer les octrois. De par la grâce de M. Gambetta, voici, en effet, que l'eau elle-même se trouve condamnée à payer entrée !

Je ne plaisante pas du tout :

Un marchand de vins de Sèvres, par exemple, met 125 litres de vin dans un tonneau de 225 litres. Il ajoute 100 litres d'eau et il expédie à son client de Paris avec cette superbe marque :

Bordeaux : *Récolte* 1876.

Que lui dire ? Que lui faire ? Gambetta trouve cela tout naturel. Il approuve, il encourage le *mouillage*..... quand le vin n'est pas pour lui.

Le tonneau arrive à la barrière. C'est de l'eau rougie : il n'y a que 125 litres de vin. Qu'importe ? Les droits d'entrée portent sur les 225 litres.

Le litre d'eau est donc bien imposé autant que le litre de vin.

Encore une fois M. Gambetta a une singulière façon de supprimer les octrois.

XIII.

La suppression des gros traitements.

M. Gambetta avait promis *la suppression des gros traitements.*

Il faut dire que, lorsqu'il promettait cela, il était loin de se douter que dix ans plus tard il toucherait un traitement au moins aussi gros que ceux-là même qu'il condamnait.

C'est pour cela, sans doute, qu'il ne les condamne plus aujourd'hui.

*
* *

En réalité, tous les traitements des fonctionnaires républicains sont ce qu'étaient les traitements des fonctionnaires de l'empire.

Les gros ne sont pas moins gros ; les petits ne sont guère plus élevés.

Seuls, si je ne me trompe, les ministres touchent soixante mille francs par an au lieu d'en recevoir cent mille.

Mais, soixante mille francs par an, cela n'est pas précisément un petit traitement. Et ce chiffre semble.... *roide* sous une République qui compte l'égalité au nombre de ses principes.

Soixante mille francs *par an !*

Mais cela fait :

Cinq mille francs *par mois ;*

Douze cent cinquante francs *par semaine ;*

Près de deux cents francs *par jour*.

C'est-à-dire :

Six fois plus qu'un chef de division ;

Huit fois plus qu'un chef de bureau ;

Quinze fois plus qu'un sous-chef;

Quarante fois plus qu'un commis.....

De quoi faire vivre quarante familles !

C'est exorbitant !

D'autant que nos ministres d'aujourd'hui, de parfaites nullités d'ailleurs, *ne se foulent pas la rate*, — comme dit Gambetta — et qu'ils travaillent tout juste :

Six fois moins qu'un chef de division ;

Huit fois moins qu'un chef de bureau ;

Quinze fois moins qu'un sous chef ;

Quarante fois moins qu'un simple commis !

*
* *

Quant à notre farceur, ce n'est pas soixante mille francs qu'il coûte aux contribuables. C'est, au bas mot — et pour ne pas exagérer — cinq cent mille francs au moins! On arrive, en effet, à ce chiffre si, à son formidable *traitement fixe* on ajoute le montant approximatif du revenu de l'hôtel — *propriété nationale* — que M. Gambetta occupe au Palais-Bourbon, ainsi que..... *le tour du bâton* (frais de réception, de représentation, etc., etc).

Il est facile, alors, de comprendre que

M. Gambetta puisse servir à Trompette le respectable traitement d'un chef de division et, aussi, qu'il ne tienne pas le serment qu'il avait prêté à ses électeurs — *avant le 4 septembre* — de faire la guerre aux « *gros traitements* ».

XIV.

La nomination des fonctionnaires publics par l'élection.

M. Gambetta avait promis *la nomination de tous les fonctionnaires publics par l'élection.*

Et jamais — même sous l'Empire — la faveur ne joua un plus grand rôle qu'aujourd'hui dans le choix des fonctionnaires. M. Gambetta en sait quelque chose puisqu'il n'y a pas un seul gros bonnet de l'administration dont la nomination n'ait été approuvée par lui.

Non seulement ce n'est pas l'élection qui désigne les fonctionnaires ainsi que le le prescrivait le contrat de Belleville. — Mais, anciennement, certaines fonctions étaient données au concours. Le mérite seul désignait les candidats.

Ce système, si libéral, et qu'on eût pu,

sans inconvénients, étendre, celui-là, à tous les emplois sans exception, ce système s'appliquait, je le répète, sous les anciennes monarchies, à plusieurs catégories de fonctions.

Il appartenait à la République de M. Gambetta de le détruire.

C'est, en effet, depuis que M. Gambetta est tout puissant que le droit de concourir pour l'obtention des fonctions dont il s'agit a été retiré à des milliers de jeunes gens sous le prétexte qu'ils ont fait leurs études dans certaines écoles.

Qu'importe que ces études aient été brillantes ?

Ces jeunes gens obtiendraient peut être les premiers numéros dans ces concours ?

Qu'importe encore ?

Ou plutôt : *Si*. Il importe beaucoup. Car c'est précisément parce que ces jeunes gens obtenaient toujours les premiers numéros et par suite, *et de droit*, les fonctions les plus importantes, c'est pour cela qu'on les a systématiquement éliminés de tous les concours.

De la sorte tous *les fruits secs* des Écoles républicaines ont toutes les chances imaginables d'obtenir les premiers numéros.

On n'est pas plus malin que cela.

XV.

Un nouveau système d'impôts et l'abolition des monopoles

M. Gambetta avait promis *un nouveau système d'impôts* et, par la même occasion, *l'abolition de tous les monopoles.*

Et cependant, l'ancien système d'impôts est toujours le même... à cette différence près qu'il est plus onéreux en 1881, qu'il ne l'était en 1869.

Les charges, je le sais, ont augmenté à la suite de la guerre de 1870-1871; mais elles ont diminué depuis et les impôts, les contributions qui auraient dû diminuer proportionnellement sont, à très peu de chose près, ce qu'ils étaient il y a dix ans (1).

---

(1) Je sais bien qu'on a dégrevé les vins. C'est quelque [illegible] pour nous autres *consommateurs*, qui sommes [illegible] aussi intéressants

Pourquoi?

Parce que le personnel de la République, bien plus nombreux — bien qu'il n'y ait pas plus à faire — que les personnels des anciens Gouvernements, coûte cinq fois plus cher que ces personnels.

*
* *

D'autre part, la dette publique s'est accrue considérablement.

Pourquoi?

On n'a jamais pu le savoir et on ne le sait pas encore.

Je vois bien que l'emprunt d'un milliard — emprunt dit *national*, sans doute parce qu'il obère la nation — contracté au mois de mars 1881, a enrichi nombre de financiers opportunistes, trop opportunistes même.

---

que les *marchands de vin*. C'est, en effet, à ces derniers seuls, que le dégrèvement a profité, puisqu'ils n'ont pas baissé leurs prix d'un centime.

Je ne vois pas qu'il ait soulagé la misère du peuple, chaque jour grandissante, au contraire.

*
* *

Quant aux monopoles, je mets au défi M. Gambetta d'en citer un, existant lors de la signature du contrat de Belleville, qui n'existe plus aujourd'hui.

On en a autorisé, décrété de nouveaux; on n'en a pas supprimé un seul.

Il est vrai que, en 1869, M. Gambetta n'était pas un des très gros actionnaires des compagnies qui, grâce au monopole dont elles jouissent, servent de très gros dividendes à leurs actionnaires.

Et, naturellement, si, en 1881, l'on abolissait le monopole..... adieu le dividende.

Farceur, Gambetta, mais... pas si bête.

XVI.

La solution du problème social.

M. Gambetta avait promis *la solution du problème social.*

Certes, je reconnais qu'il faut plus que les dix minutes que demandait Rochefort pour résoudre ce problème. Mais il semble aussi que c'est abuser un peu de la patience du peuple que d'attendre douze ans pour commencer à s'en occuper seulement.

Et, de fait, M. Gambetta se soucie aujourd'hui du problème social autant que de sa première chemise.

Il s'en bat l'œil, comme il disait au café Procope.

Il boit bien, mange bien, sert à son seul cuisinier un traitement qui nourrirait dix familles; il ne se prive de rien; il a un ban et un arrière-ban de valets; il possède un château à la campagne; à Paris, il est chauffé, éclairé, blanchi sans doute aussi et logé dans un palais magnifique, le tout aux frais des contribuables...

Que lui importe le reste? que lui importe *le bien-être du travailleur? le bien-être!* l'inconnu, le *x* du problème social?

Aussi, Belleville n'est pas content, et, ma foi, Belleville n'a pas tort.

*
* *

Dernièrement, dans une réunion *privée* des électeurs du 20e arrondissement, un des anciens fidèles de Gambetta, s'exprimait ainsi, aux applaudissements de l'assistance, sur le compte des farceurs de l'opportunisme :

« Ils sont repus, gavés ; ils occupent « toutes les belles places, jouent à la « Bourse, spéculent sur les actions du gaz, « sur la fusion des omnibus et des tram- « ways, sur toutes les valeurs. Ils s'enri- « chissent de l'agiotage ».

Et, comparant la situation des électeurs à celle des élus, il ajoutait :

« Nous, au contraire, nous souffrons en-
« core sous cette République que nous avons
« faite et qui ne nous a rapporté que la dé-
« portation, l'exil, le bagne et la misère».

M. Gambetta, on le voit, n'a pas précisément résolu le problème social.

Et, pour que ses électeurs le constatent dans les termes que je viens de reproduire textuellement, il faut, apparemment, qu'ils soient peu disposés à lui accorder leurs suffrages aux prochaines élections.

XVII.

Le Commis-Voyageur.

M. Gambetta avait promis....

Mais, que n'a-t-il pas et que n'aurait-il pas promis?

Et, en voilà assez.

Je crois avoir établi un bilan suffisamment et loyalement exact du Contrat de Belleville.

J'ai dit les promesses faites :

Vainement j'ai cherché et je cherche celles qui ont été tenues!

Où sont-elles les libertés qu'il avait promis d'octroyer? — Je cherche et je n'en vois aucune.

Où sont-elles les réformes qu'il avait promis d'accomplir? — Je cherche encore : il n'y en a pas une.

Ah! M. Gambetta : vous avez trouvé le

vrai mot lorsque vous vous êtes traité de *commis-voyageur*.

Écoutez :

Braves gens, excellents hommes peut-être, les commis-voyageurs n'en sont pas moins la fine fleur de la hâblerie, des blagueurs émérites.

Ce sont des farceurs consommés.

Oh ! Ils ont tous les talents, toutes les finesses, toutes les roueries.

Cela fait partie de leur métier....

Et celui qui n'aurait pas ces qualités essentielles ne serait pas un *commis-voyageur*.

Le commis-voyageur sait tout, doit tout savoir. Il sait voyager sans se fatiguer, faire ses affaires sans en avoir l'air, rire quand il se désole, se désoler quand il a lieu de rire, donner le change à tout le monde, boire sans s'enivrer, enivrer les autres sans les faire boire. Il sait tout avaler ; il sait surtout *faire tout avaler*. Il vous vend du cidre pour du Champagne, du vin de Montpellier pour les meilleurs crûs de Bordeaux. Entre ses mains la cotonnade est du superbe drap d'Elbeuf, les tulles sont de riches dentelles. Les étoffes qu'il déroule devant vous, il vous les donne comme devant inaugurer la mode de l'année.... prochaine et il y a dix ans que la mode en est passée. Comment voulez vous avoir raison d'un homme qui saura vous faire accroire que ce bleu est du plus beau rouge et que ce vert est d'un jaune éclatant? La langue chez le commis-voyageur, constitue la meilleure part de son bagage. On en a vu se mettre en route sans le moindre petit bout d'échantillon et revenir ayant fait cinq cent mille francs d'affaires. Ces affaires, ils les traitent non du haut d'un balcon, mais sur le pas d'une porte, de l'extrémité d'une table d'hôte, entre deux calembredaines dignes de *Calino*, en faisant des tours de prestidigitation à rendre jaloux Robert-Houdin lui-même.

Voilà le Commis-Voyageur!

Et l'on a dit que la race des commis-voyageurs avait disparu!

Allons donc!

Et Gambetta?

*
* *

Qu'a-t-il fait depuis huit ans? Ne s'est-il pas conduit comme un véritable commis-voyageur? N'a-t-il pas, sur un autre terrain et sous une autre forme, employé tous les procédés que je viens, non pas de révéler — car ils sont connus — mais de rappeler simplement?

D'un bout de la France à l'autre il a jonglé avec nos libertés comme un saltimbanque jongle avec des boules dorées que les spectateurs entrevoient bien, mais qu'ils ne peuvent toucher. Il a tout promis, à Romans, à Valence, à Marseille, à Lille, à Amiens, à Lyon, à Avignon, à Bordeaux, — de même qu'il avait tout promis à Auxerre, à Grenoble, à Chambéry, au Hâvre, à Angers, à Toulon, à Versailles, à Belleville enfin.

Il a tout promis et il n'a rien livré.

Et pourtant il avait promis par serment.

Il avait dit :

« *Je jure obéissance au présent contrat.* »

XVIII.

Mangin Sans Casque.

Certes, si ces allures de commis-voyageur, si ces procédés de farceur n'avaient produit d'autre résultat que celui de nous priver de la liberté, il n'y aurait là qu'un mal dont nous aurions vite pris notre parti.

Et, ce parti, nous le prendrions d'autant plus facilement que, vivant sous la République, nous savons par avance que, de toute façon, nous n'aurions pas la liberté.

Liberté et république — je l'établirai dans la *seconde partie* de ce livre — c'est comme le jour et la nuit, comme l'eau et le feu, comme chien et chat.

Et le président de la République serait-il, ce que n'est pas M. Gambetta, le plus sage, le plus vertueux, le plus honnête des hommes, que la liberté n'existerait pas davantage.

Mais la puissance de M. Gambetta, conquise grâce à ses hâbleries, est funeste à un autre point de vue.

Ce n'est pas seulement lorsqu'il s'agissait des libertés nécessaires, que M. Gambetta s'est révélé commis-voyageur.

C'est aussi lorsqu'il s'agissait de l'honneur de la patrie, du sang de nos enfants, de l'intégrité de notre territoire.

On l'a appelé *fou furieux*, alors :

On s'est trompé.

Il n'était que farceur.

*
* *

Il y a dix ans de cela.

Lui qui disait, naguère encore, qu'il aimait SON PAYS *jusqu'à la mort*, où a-t-il risqué sa peau? Quand et comment est-il allé seulement au devant du danger?

Il faisait tuer les autres!

Quand il était bien repu, il s'avançait sur un balcon et, dans une de ces tirades théâtrales, auxquelles, malheureusement, le peuple se laisse si bien prendre, il s'écriait :

« *La victoire ou* LA MORT! »

Et le peuple allait à la mort pendant que lui *faisait la vie.*

Et, plus il faisait la vie, plus il parlait de la mort... des autres.

« *Ni les périls, ni* LA MORT, disait-il un jour, *ne doivent vous paraître redoutables!* ».

Une autre fois, avec un cynisme épouvantable, lui qui faisait bonne chère, allait en voiture et était couvert de fourrures, il conseillait à nos malheureux soldats, privés de tout, de se préparer à cette mort *par l'austérité de la vie.*

Il leur eût été difficile, en vérité, de ne pas mener une vie austère, lorsque l'argent du pays, qui eût atténué un peu leurs souffrances, servait à payer les trafics et les *pots de vin* des honteux marchés du Gouvernement dit de la Défense nationale.

Le général qui s'élance au feu, *à la tête de ses troupes*, crie à ses soldats :

« En avant, mes enfants! *Et courons joyeusement à la mort!* »

Gambetta, lui, *du haut de son balcon*, leur criait :

« *Sachez mériter la victoire par* L'AUSTÉRITÉ DE LA VIE, LE MÉPRIS DE LA MORT ».

Et il rentrait pour finir son grog et en commencer un autre.

N'est-ce pas lui qui, se sauvant d'Orléans, à toute vapeur, au moment où les Prussiens y arrivaient, criait encore à nos soldats :

« LA MORT, LA MORT! *Il n'y a que ça!* ».

Et, un autre jour :

« *Il faut nous sacrifier tous et tout entiers!* ».

Je vois bien que certains qui parlaient

moins et faisaient parler moins d'eux, se sont, en effet, sacrifiés. Je ne vois pas que ni Gambetta, ni ses amis en aient fait autant.

Et je constate, au contraire, que leur fortune financière date des ruines qui désolèrent le pays à cette époque terrible.

*
* *

Et quelle incapacité!

Mais je parle ici seulement du charlatanisme.

Est-ce que ce ne fut pas le comble du charlatanisme?

Et n'est-ce pas bien le moment de rappeler le mot de M. Grévy traitant ce héros de balcon de :

MANGIN SANS CASQUE.

*
* *

On le voit : ce n'est pas seulement dans l'intérêt de nos libertés que nous devons repousser toutes les candidatures de M. Gambetta et de ses amis :

C'est dans l'intérêt même du pays.

Car, ce qu'il a fait, il le ferait encore.

Que dis-je?

Il le fait, il le cherche déjà.

Il a tout fait pour nous jeter dans de nouvelles aventures à propos des affaires de Grèce. Et il semble vouloir profiter des évènements de Tunisie pour faire enfin *sa guerre, à lui,* — cette fameuse guerre sur laquelle il compte éventuellement pour réaliser le plan que j'exposerai plus loin, et, en tous cas, pour tripler sa colossale et scandaleuse fortune, évaluée déjà à HUIT CENT MILLE LIVRES DE RENTE par des journaux *républicains* qui attendent encore qu'on leur oppose un démenti.

DEUXIÈME PARTIE

L'HONNÊTETÉ POUR MOYEN

I.

Le plan du Gênois.

Un vieux proverbe dit :

« *Qui a bu boira.* »

Je pourrais dire pareillement, en parlant de M. Gambetta :

« *Farceur il a été, farceur il sera.*

*
* *

Mon Dieu, si M. Gambetta, maintenant qu'il a ses huit cent mille livres de rente, songeait à se retirer des affaires comme un brave homme d'épicier le fait après fortune gagnée, peu nous importerait de savoir ce qu'il sera. Nous regretterions évidemment nos quinze millions, mais nous le laisserions tranquille, trouvant dans sa retraite une compensation suffisante.

Mais, il n'en est pas ainsi :

Pendant que nous estimons qu'il en a trop, Gambetta estime, lui, qu'il n'en a pas assez. Et, comme le vautour qui guette sa proie, il flaire encore quelque chose.

Or, nos intérêts les plus chers ne sont pas étrangers à ce « *quelque chose...* »

C'est encore la France que ce vautour borgne et sans aîles a choisie pour proie.

Et c'est pourquoi j'ai le droit d'interroger l'avenir, de rechercher quel nouveau plan a couvé M. Gambetta.

Eh bien! ce plan, il faut le dévoiler sans hésiter; il faut le dire sans y aller par quatre chemins.

« *Le grand jour sur tout cela!* » comme s'écriait un jour Victor Hugo, dans une situation semblable, *absolument semblable.*

C'est *le pouvoir souverain* que cherche M. Gambetta.

Dirait-on *Gambetta empereur*?

Ou *le sultan Gambetta*?

Ou *Chah-Gambetta*?

Ou *Gambetta-pacha*?

Je ne sais et peu importe. Le mot n'est rien; la chose est tout. Et c'est *la chose* qu'il veut, c'est-à-dire — je le répète — *le pouvoir souverain*, personnel, absolu, sans contrôle aucun, non constitutionnel.

Tous ses actes le prouvent et, d'ailleurs, il ne s'en cache plus lorsque déjà, par exemple, il parle du jour où « SON PAYS *l'appellerait à diriger ses destinées.* »

Ce Gênois qui, sans son œil crevé, ne serait même pas Français (1) ne doute de

(1) C'est, en effet, à sa qualité de borgne que M. Gambetta doit sa qualité de Français. Un de mes confrères de la presse, M. Pierre Giffard, l'a fort bien expliqué dans un article dont j'extrais

rien. Et, parce que un simple officier d'artillerie a su un jour s'élever au rang su-

---

ce qui suit : « Fils d'étranger non naturalisé en France, et, par conséquent, étranger lui-même, le jeune Léon atteignit sa vingtième année au moment de la guerre d'Italie. En sa qualité d'étranger, il n'avait aucune obligation militaire à remplir. Mais, affligé de la maladie des yeux que l'on connaît, il pouvait affronter le sort sans crainte d'être enrégimenté. Or, le tirage au sort *naturalise* de fait tout étranger qui s'y soumet en France. C'est une disposition de la loi. Le jeune homme eut donc le bénéfice de la naturalisation sans courir le danger de mettre sac au dos. Eh bien ! — ajoutait M. Giffard avec une rigoureuse logique, — ne peut-on pas conclure, sans être injuste, que si le jeune Léon n'avait pas été estropié de l'œil, il n'eût pas tiré au sort pour se conserver à la tendresse paternelle (qui ne pouvait guère, d'ailleurs, payer un remplaçant aux prix de six et sept mille francs qui couraient alors), conséquemment qu'il n'eût jamais été naturalisé, conséquemment qu'il n'eût été, ni avocat, ni électeur, ni éligible. »

Encore une fois, cela n'est-il pas rigoureusement

prême, il veut s'y élever à son tour. Il s'est dit que là où Bonaparte était allé, il pouvait bien aller, lui aussi...

Le hibou, pareillement, tente d'aller là où va l'aigle.

Le hibou y perd ses *deux* yeux. Cela, certes, n'arrivera jamais à M. Gambetta, et pour cause....

Mais sa prétention est-elle plus légitime?

Je vais la discuter « *car il ne faut pas « que la France soit prise par surprise et « se trouve, un beau matin, avoir un empe- « reur sans savoir pourquoi.* » (1).

« Quoi — s'écrie Victor Hugo — parce que, il y a dix siècles de cela, Charlemagne, après quarante années de gloire, a laissé tomber sur la face du globe un sceptre et une épée, tellement démesurés, que per-

---

logique et cela ne prouve-t-il pas aussi que, chez Gambetta, la malice n'a pas attendu le nombre des années?

(1) Victor Hugo.

sonne ensuite n'a pu et n'a osé y toucher — et pourtant il y a eu, dans l'intervalle, des hommes qui se sont appelés Philippe-Auguste, François Ier, Henri IV, Louis XIV! Quoi! parce que mille ans après, car il ne faut pas moins d'une gestation de mille années à l'humanité pour reproduire de pareils hommes, parce que, mille ans après, un autre génie est venu, qui a ramassé ce glaive et ce sceptre et qui s'est dressé debout sur le continent, qui a fait l'histoire gigantesque dont l'éblouissement dure encore, qui a enchaîné la révolution en France et qui l'a déchaînée en Europe, qui a donné à son nom, pour synonymes éclatants, Rivoli, Iéna, Essling, Friedland, Montmirail! Quoi! parce que, après dix ans d'une gloire immense, d'une gloire presque fabuleuse à force de grandeur il a, à son tour, laissé tomber d'épuisement ce sceptre et ce glaive qui avaient accompli tant de choses colossales, vous venez, vous, vous voulez, vous, les ramasser après lui, comme il les a ramassés, lui, Napoléon, après Charlemagne et prendre dans vos petites mains ce sceptre des Titans, cette épée de géants! Pourquoi faire? »

Pourquoi faire, en effet? Je le demande avec Victor Hugo.

Pourquoi, parce qu'il y a eu un homme qui a gagné la bataille de Marengo et qui a régné, pourquoi Gambetta veut-il régner, lui qui nous a fait perdre toutes les batailles dans lesquelles il a fait intervenir son incapacité?

Ce n'est certainement pas pour nous rendre nos libertés, lui qui les a toutes confisquées.

Ce n'est certainement pas non plus pour relever la France, lui qui n'a pas craint de la ruiner à son profit.

Alors, encore une fois, pourquoi?

II

Charlatanisme d'alors, charlatanisme d'aujourd'hui.

On me dira que M. Gambetta ne songe pas à l'Empire.

Je ferai remarquer d'abord que je n'ai pas affirmé que ce soit le titre d'empereur plutôt que ceux de sultan, de pacha ou de chah que recherche M. Gambetta.

Le mot n'est rien, ai-je dit, *la chose* est tout.

Et qui donc oserait prétendre que M. Gambetta ne songe pas à accaparer un pourvoir aussi absolu, aussi autoritaire qúe que celui de l'Empire?

*
* *

Quand Victor Hugo posait la question que je viens de reproduire dans le chapitre précédent, on lui répondait bien aussi :

« *Personne n'y songe à l'Empire; vous le savez bien.* »

Un autre membre de l'Assemblée nationale, — car c'est à l'Assemblée nationale, au Palais-Bourbon même, que Victor Hugo prononçait ces éloquentes paroles,— un autre député ajoutait :

« *Vous discutez des projets qu'on n'a pas.* »

Et le président de l'Assemblée lui-même lui reprochait de « *discuter une candidature qui n'était pas en jeu* ».

Voilà ce qu'on répondait à Victor Hugo lorsqu'il disait :

« *On prépare l'Empire.* »

Et, cinq mois plus tard, Louis-Napoléon mettait un premier pied sur les marches du trône;

Et, dix-huit mois plus tard, il était sacré Empereur!

*
* *

C'était le charlatanisme d'alors.

Veut-on que ce soit le charlatanisme d'aujourd'hui?

Cela n'est pas possible.

Il est temps, grand temps, en vérité, que les leçons du passé préviennent les fautes de l'avenir.

III.

Que faut-il faire?

Ma démonstration est faite et elle est complète.

Aveugle qui ne verrait pas, de mauvaise foi qui ne reconnaîtrait pas que M. Gambetta est un farceur passé, présent et futur.

Il me faut le répéter sans cesse :

Il a promis *respect à la liberté* et il nous a fait perdre toutes nos libertés;

Il a dit: *amour de la patrie*, et il a édifié sa fortune sur les malheurs de la patrie;

Il a juré *fidélité à la République* et voici qu'il se prépare à l'étrangler.

L'intérêt de la liberté, l'intérêt de la France, l'intérêt de la République exigent donc que les amis de la liberté, que les amis de la France, que les amis de la République réagissent contre l'influence néfaste de cet homme néfaste et qu'ils réussissent, grâce à de viriles résolutions, à paralyser complètement cette influence.

Que faut-il faire?

Je vais le dire; mais je prévois ici une objection à laquelle je tiens à répondre immédiatement.

*
* *

« Comment se fait-il, me demandera-t-on, que vous, qui n'êtes certainement pas républicain — cela commence à se voir — vous preniez la défense de la République contre M. Gambetta? »

Je ne suis pas républicain, en effet. Mais je n'hésite pas à ajouter que je déteste moins la République qu'un mandarinat de M. Gambetta, mandarinat qui serait plus funeste encore que la République elle-même.

Je ne suis pas de ces conservateurs, qui se rassurent en se persuadant que Gambetta nous *sauvera* peut-être.

Sauvés par Gambetta !

En vérité, mieux vaudrait que nous ne fussions pas *sauvés* du tout.

Il nous sauverait pour mieux nous perdre.

Napoléon III, lui aussi, nous a *sauvés*.

Comment ?

Pendant dix-huit ans, il nous a donné l'ordre. Mais il n'a empêché ni la défaite, ni la Commune, ni une République plus honteuse que les précédentes.

L'Empire ou le mandarinat de M. Gambetta nous mènerait plus loin, plus bas encore et il nous y mènerait plus vite.

Cela dit, et je ne veux pas insister davantage sur ce point, j'en reviens à ma question :

Que faut-il faire pour ruiner l'influence de M. Gambetta ?

C'est ce que vont nous apprendre les quelques chapitres qui seront la conclusion logique et nécessaire de mon travail.

IV.

Le terrain de la lutte.

C'est M. Gambetta lui-même qui nous a indiqué le terrain sur lequel nous devions engager la lutte contre lui.

Ce terrain, on le devine, ce sont les élections générales.

C'est, en effet, sur ces élections que M. Gambetta compte pour escamoter le pouvoir souverain.

Les coups d'État ne réussissent pas toujours.

Et, avant d'avoir recours aux moyens violents, M. Gambetta trouve, plus lent peut-être, mais plus sûr d'essayer des moyens.... doux.

Ces moyens doux, je les indique en deux mots : c'est une sorte de plébiscite.

Gambetta veut qu'aux prochaines élections, les huit millions d'électeurs qui, en

1870, se déclaraient en faveur de Napoléon III, se déclarent, en 1881, en faveur de lui, Gambetta.

C'est pour cela qu'il a fait rétablir le scrutin de liste.

D'une part — et cela n'était pas sans l'inquiéter — il n'aura plus à se poser face à face avec les électeurs de Belleville, — ses co-contractants de 1869 — qui étaient tout à fait disposés à l'envoyer paître ;

Et, d'autre part, il pourra faire inscrire son nom sur les listes de quatre-vingts départements différents.

Il espère qu'en additionnant tous les suffrages recueillis dans ces 80 départements il obtiendra, sur son nom et même sur les noms de ses amis, un total de quatre ou cinq millions de voix, chiffre dont il se contenterait pour laisser tomber son masque et cesser de cacher son jeu.

On le voit : c'est bien un *pseudo-plébiscite* dont le résultat — s'il était celui que je viens d'indiquer — donnerait *une apparence* de légalité ou de raison au coup qu'on médite. On tenterait d'ailleurs de faire absoudre par un second plébiscite les projets criminels qu'on aurait ainsi réalisés grâce au premier.

M. Gambetta, par un reste de pudeur machiavélique, veut pouvoir dire :

« Je n'ai fait qu'obéir à la volonté de MON PAYS. »

*
* *

J'ai dit *le plan* dans les chapitres précédents ;

Voilà *la manœuvre; manœuvre* connue déjà; *manœuvre* qu'ont employée, on l'a vu tout à l'heure, d'autres citoyens qui, eux aussi, avaient juré fidélité à la République.

*
* *

Eh bien, c'est cette manœuvre qu'il faut déjouer et, si on la déjoue, l'influence de

M. Gambetta ne sera peut-être pas détruite mais, à coup sûr, elle sera gravement atteinte.

Or, rien n'est plus facile.

Il suffira, lorsque la période électorale sera ouverte, de répondre à tous ceux qui de Perpignan à Lille ou de Nantes à Besançon, oseront mettre en avant le nom de M. Gambetta, à tous ceux aussi qui oseront solliciter des suffrages pour leur propre compte en se recommandant du patronage de M. Gambetta, il suffira de répondre à tous indistinctement :

« Vous êtes des farceurs. »

Et de le prouver, — il faut toujours prouver, — en leur servant, dans les réunions où ils se présenteront et dans les journaux qui auront la mission de combattre les leurs, quelques-uns des irréfutables arguments que je leur ai servis dans ce petit livre.

Ils avaient l'habitude, jusqu'à ce jour,

de *placer* leur... marchandise sans la montrer.

Quand ils verront que nous tenons à *toucher* cette marchandise, à l'examiner, et même de très près, avant de la payer avec notre bulletin de vote, ils auront un peu moins de toupet.

Quand ils verront que le peuple ne veut plus être dupé, ils ne chercheront plus à le duper?

Que dis-je?

Ils n'oseront même plus se montrer. Ils rentreront et ils resteront dans leurs taupinières.

*
* *

Voilà ce qu'il faut faire.

Il faut seulement avoir le courage de le faire et la constance de le faire jusqu'au bout.

*
* *

Car ce n'est pas sans résister et sans revenir plus d'une fois sur leurs pas, que ces taupes, si fouinardes qu'elles soient, opéreront leur retraite.

Aux vérités qu'on leur dira, nos farceurs riposteront par de nouveaux mensonges.

Je l'ai prévu et c'est pour cela que j'ai répondu par avance aux objections.

Il faudra tenir bon.

A leurs nouveaux mensonges, il faudra opposer les faits certains que j'ai exposés déjà et ceux que j'exposerai encore ; faire reculer ainsi, pied par pied, tous ces *Mangins Sans Casque*, jusqu'au moment où confondus et n'osant plus montrer *la figure*, ils feront volte-face et montreront..... autre chose que la figure.

Et alors, je le répète : oui, si l'on fait cela ; oui, si on le fait avec courage ; oui, si on le fait avec constance, l'influence de M. Gambetta recevra un coup décisif ; car sa manœuvre sera déjouée, enrayée, et.....

Pas de manœuvre..., plus de plan, et,

par suite, plus de couronne d'Empereur, de sérail de sultan ou de harem de pacha !

*
* *

Mais, s'il ne faut pas voter pour Gambetta ou pour les protégés de Gambetta, pour qui faut-il voter?

Ma réponse est bien simple :

Il faut voter pour ceux qui, au contraire de Gambetta, ne violent pas leurs serments, pour ceux qui tiennent leurs promesses, pour ceux qui ne trompent pas le pays.

Il y a ceux qui ont signé le programme de Belleville et qui s'en moquent comme de l'an 40. Ils ont écrit sur leur drapeau : « *Tout par le charlatanisme.* »

Il ne faut pas voter pour ceux-là.

Il y a ceux qui n'ont pas signé ce programme, mais qui donneront tout autant et même plus que s'ils l'avaient signé. Sur leur drapeau, je lis : « *L'honnêteté pour moyen.* »

C'est pour ces derniers qu'il faut voter.

*
* *

Quels sont-ils et que sont-ils ?

C'est ce qu'il me reste à dire.

V.

République?

Mais il est indispensable de s'entendre préalablement sur la véritable signification des deux mots : « *République* » et « *Monarchie* ».

Dans notre malheureux pays, on se déchire pour *des mots*, de simples mots, dont souvent même on ne comprend pas le sens. Quelles luttes alors sont plus vaines, plus stériles et plus bêtes que celles-là? L'histoire — et une histoire récente — est là qui atteste que la plus absolue de nos monarchies a été moins tyrannique que la plus libérale de nos républiques. Et pourtant des ruisseaux de sang ont pris leur source dans ces deux mensonges qui font l'un, du mot *république* un synonyme du mot *liberté;* l'autre, du mot *monarchie* un synonyme du mot *tyrannie*. On s'est battu pour renverser certaines monarchies qui nous donnaient au moins les libertés nécessaires. On a bien eu la République; mais, quand on s'est réveillé le lendemain, il s'est trouvé qu'on n'avait plus les libertés dont on jouissait la veille.

Ceux qui défendent la République au nom de la liberté, font donc tout le contraire de ce qu'ils devraient faire. Ils travaillent contre la liberté au lieu de travailler pour elle. Il me semble pourtant que la liberté est supérieure à la République et qu'elle lui est préférable.

République : c'est une étiquette, c'est *le mot;*

Liberté: c'est un fait, c'est *la chose.*

Que ceux qui prennent les vessies pour des lanternes préfèrent la première à la seconde, je le comprends.

Pour ma part, j'aime mieux la liberté que tel ou tel gouvernement et c'est parce que la République ne donne pas et n'a jamais donné la liberté que je suis et serai toujours, en principe, l'adversaire de ce régime.

*
* *

On recherche aussi l'étymologie du mot *monarchie.*

Ce mot est formé de deux mots grecs qui signifient : *Commandement* ou *gouvernement d'un seul.*

Et alors, l'on dit :

Nous ne voulons pas de la monarchie, parce que nous ne voulons plus du *gouvernement d'un seul.*

C'est parfait. Il me sera bien permis seulement de demander en quoi il est plus avantageux d'avoir plusieurs maîtres que de n'en avoir qu'un.

Le pouvoir de trois cent soixante-trois petits tyrans, cela me semble un régime infiniment plus tyrannique que le pouvoir d'un tyran unique.

D'autant que ces 363 tyrans n'empêchent pas du tout que nous ayons le *tyran unique.*

Même — sous la République actuelle — nous en avons un second.

Un qui est sur la scène : c'est Grévy.

L'autre qui est dans la coulisse : c'est Mangin Sans Casque.

Total : 365 tyrans.

Autant que de jours dans l'année!

Monarchie veut dire : *Gouvernement d'un seul.*

Eh bien! est-ce que la Présidence de M. Grévy n'est pas, en effet, le *gouvernement d'un seul?* Est-ce que M. Grévy n'est pas un véritale *monarque?* Il ne l'est pas *de nom*; il l'est *de fait.*

*
* *

Je le répète et je crois l'avoir prouvé : le mot *république* ne signifie rien du tout.

Ce qui signifie quelque chose, c'est *la liberté* et c'est *le bien public.*

Or, ces deux choses, jamais la République ne nous les donnera.

*
* *

Évidemment, — je ne serais pas de bonne foi si je ne le reconnaissais pas — on pourrait tomber un jour sur un honnête homme qui, nommé Président de la République, gouvernerait sagement, loyalement, impartialement, qui assurerait le bien public et respecterait nos libertés.

Et encore, *non* : cela ne serait pas possible. Car cet honnête homme, que tous les honnêtes gens soutiendraient, se verrait immédiatement en butte aux attaques des innombrables partis « *républicains* » qui, n'étant pas au pouvoir, voudraient y être.

Le gouvernement de la République, c'est le gouvernement de l' « *Ote-toi de là que je m'y mette.* »

Il y aurait l'ordre en haut et l'anarchie en bas.

Pour mettre fin à cette anarchie, notre honnête Président se verrait forcé de supprimer quelques-unes des libertés les plus nécessaires, les plus légitimes en tout cas : la liberté de réunion, la liberté de la presse, la liberté d'association, d'autres encore. Alors, peut-être, ferait-il régner l'ordre en bas aussi. Mais les mesures qu'il prescrirait ainsi seraient contraires à ses principes et il ne voudrait pas les prescrire. Ecœuré, il se retirerait. L'anarchie qui n'était qu'en bas, se produirait en haut et serait partout.

La présidence, même d'un Président honnête, ne nous assurerait donc pas davantage la liberté, ne ferait donc pas davantage le bien public.

Mais enfin, je veux supposer que cette chose impossible soit possible.

*
* *

Eh bien, et après?

*
* *

Après les cinq ans de présidence de ce Président honnête, après même les dix ou les quinze ans de présidence de deux ou de trois autres présidents non moins honnêtes, — on voit que je fais la part belle et large à l'honnêteté républicaine — viendrait le tour d'un Président qui ne le serait plus. Après un Cincinnatus, qui retournait à sa charrue et à ses bœufs encore qu'il eût sauvé sa patrie; après un Washington, — car c'est dans l'ancien monde ou dans l'autre monde qu'il me faut aller chercher le type de ce président honnête, l'histoire de nos républiques ne nous en fournissant pas un seul — après Cincinnatus et après Washington, ce serait le tour d'un nouveau Bonaparte, ou d'un nouveau Louis-Napoléon, ou d'un Gambetta, de ce Gambetta qui rêve je ne sais quel pouvoir nouveau, inconnu encore en France.

Avant cinquante ans, nous aurions quatre

dynasties nouvelles, les luttes des partis deviendraient, seraient devenues plus terribles, plus sanglantes que par le passé, au fur et à mesure que le nombre des partis aurait augmenté. La fameuse prophétie de Napoléon Ier, son terrible dilemne se réaliserait dans ses deux parties : Avant cent ans, la France serait *cosaque* après avoir été *républicaine* ; l'histoire de notre pays serait finie.

C'est inévitable ; ce serait fatal.

VI.

Monarchie?

Et que l'on ne me dise pas que je suis sorti de mon sujet. J'y suis, au contraire, et..... en plein.

Il faut bien que j'explique pourquoi nous ne devons, sous aucun prétexte, voter pour les candidats qui, sans être farceurs, sans être gambettistes, sont ou se disent *républicains*. Ces candidats ne nous donneraient pas, ne peuvent pas nous donner *la liberté*; ils ne peuvent pas nous assurer *le bien public* et, de plus, les faits l'ont irréfutablement prouvé, *avec eux*, c'est-à-dire *sous la République*, le GOUVERNEMENT D'UN SEUL *existe absolument comme sous la monarchie.*

Pourquoi donc alors perpétuer des querelles, des luttes intestines *pour un mot*?

Pourquoi si, *sous ce rapport du gouver-*

nement personnel, république et monarchie c'est bonnet blanc et blanc bonnet? Pourquoi si, sous la République comme sous la monarchie, il y a UN SEUL chef de l'Etat? Pourquoi ne pas choisir celle de ces deux monarchies qui offre à nos libertés le plus de garanties de respect, au bien public le plus de garanties de stabilité?

Pourquoi, puisque, encore une fois, il n'y a de différence que dans les mots? Puisqu'au fond c'est absolument la même chose? Pourquoi, puisque, en fin de compte, c'est domination pour domination; pourquoi ne pas choisir celle qui peut faire le bien au lieu de choisir celle qui, fatalement, doit faire le mal?

Pourquoi?

Pour deux motifs :

1° Parce que on ne veut plus donner vingt-cinq millions par an à un seul homme pour qu'il nous gouverne;

2° Parce qu'on n'admet pas qu'un fils doive nécessairement régner parce que son père aura régné. Un père, dit-on, peut être un homme supérieur ; son fils peut être un imbécile. La supériorité pouvait justifier le pouvoir du premier ; l'imbécillité ne saurait raisonnablement justifier le pouvoir du second. En deux mots, on condamne *le principe de l'hérédité.*

Voilà les deux motifs, les deux objections contre la monarchie. Il y en a d'autres auxquelles j'ai répondu déjà ; d'autres encore auxquelles je répondrai plus tard. Mais ces deux-là sont si généralement répandues dans le public ; puis, il faut bien le dire, elles ont *une apparence* de raison si réelle que ce n'est pas trop que de consacrer un chapitre spécial à la réfutation de chacune d'elles.

VII.

La liste civile des Rois.

Il me serait facile de prouver, chiffres en mains, que le gouvernement par la République coûte, tous comptes faits, autrement plus cher que le gouvernement par un Roi. Les budgets de la République sont là et ceux des anciennes monarchies y sont encore.

Je n'invoquerai pas les chiffres, si probants qu'ils soient. J'invoquerai le bon sens : il ne prouvera pas moins.

On se figure que le Roi qui, pour son propre compte ou pour le compte des princes de sa famille, reçoit une liste civile de 25 ou 30 millions, fait passer ces 25 ou 30 millions dans les caisses de ses banquiers et, alors, on trouve exorbitant qu'un chef de l'Etat, même Roi, touche un traitement semblable, aussi considérable.

Cela serait exorbitant si ces sommes fabuleuses ne servaient, en effet, qu'à édifier la fortune personnelle d'un souverain. Et, s'il en était ainsi, je serai l'un des premiers à condamner ce qui serait un monstrueux abus.

Mais il n'en est pas ainsi. Le souverain qui monte sur le trône, après avoir eu, d'ailleurs, le soin de faire abandon à la nation de tous ses biens personnels, le souverain commence par régler l'emploi des sommes que les représentants du peuple veulent bien lui allouer, en toute indépendance, à titre de ce qu'on appelle « *Liste civile* ».

*
* *

Quel est cet emploi ?

J'y vois des encouragements aux beaux-arts, aux sciences, aux lettres, à l'agriculture, à l'industrie. J'y vois des secours à d'innombrables bonnes œuvres, à des institutions utiles, à des infortunes privées. Et je constate que, quand le budget personnel du souverain est ainsi réduit de trois quarts par des dépenses d'intérêt public, il est absolument faux et injuste de venir dire qu'il spécule sur sa *liste civile*. Il lui en reste encore, cela est vrai; mais, ce reste, qui est consacré aux dépenses de la Cour, aux fêtes nationales, se dépense en France, ne sort pas de France. Le commerce, l'industrie nationale en profitent et, en somme, cet argent, fourni par les contribuables, ne fait que passer par les caisses du souverain et finit toujours ainsi par rentrer dans la poche des travailleurs.

Le souverain, — celui surtout qui n'est pas un souverain d'aventure, — *n'économise pas.*

A quoi cela lui servirait-il?

* * *

M. Grévy, lui, économise. M. Gambetta économise aussi ; il a aujourd'hui, chose singulière et qui donne bien raison à ce que j'avance, une fortune supérieure à celle de familles souveraines qui ont régné en France.....

Pourquoi économisent-ils ainsi au détriment des contribuables qui les paient? Pourquoi ne considèrent-ils pas que si on leur donne des traitements énormes, c'est, comme l'on dit vulgairement, pour qu'ils tiennent leur rang? Pourquoi n'emploient-ils pas en dépenses d'utilité publique, d'intérêt général, une partie des fonds qu'ils reçoivent? Pourquoi n'entend-on jamais dire, lorsqu'une grande catastrophe, par exemple, sollicite la générosité de tous, que M. Grévy et que M. Gambetta, nos deux souverains, viennent d'envoyer *sur leurs cassettes particulières* (1) un simple petit

(1) Ils envoient bien — M. Grévy du moins — mais c'est toujours sur la cassette des contribua-

billet de mille à telle ou telle souscription? Pourquoi ne font-ils pas profiter les affaires, le commerce et l'industrie, c'est-à-dire le travailleur, de leurs plantureux revenus?

Pourquoi?

Mais tout simplement parce que, au pouvoir aujourd'hui, ils savent qu'ils n'y seront plus demain. Alors, ils se gorgent comme leurs successeurs se gorgeront à leur tour.

*
* *

Oui, en vérité, je le dis, républicains mes amis, la République coûte plus cher, bien autrement plus cher qu'un roi.

---

bles que l'envoi est prélevé. Les malheureux disent sans doute : « *Oh! qu'il est bon notre Président!* » C'est : « *Oh! qu'ils sont bons les contribuables!* » qu'il faudrait dire.

VIII.

Le Principe de l'hérédité.

La seconde objection contre la royauté, celle qui consiste à dire que le pouvoir du père ne saurait légitimer le pouvoir du fils, cette objection là n'est pas plus sérieuse.

On me dit, je le sais, que *Jules Ier* peut être un homme de génie et qu'on acclamerait volontiers son règne, mais qu'on ne saurait acclamer par avance le règne de *Jules II*, son fils, lequel peut être tout le contraire d'un homme de génie. On fait remarquer aussi que l'héritier direct d'un souverain peut n'avoir que cinq ans et que, les rois de cinq ans, *c'était bon dans l'ancien temps,* mais que ce n'est vraiment plus possible en l'an de grâce 1881, près d'un siècle après la Révolution française. On ajoute enfin qu'on ne se croit pas le droit d'accepter le principe de l'hérédité sous le prétexte qu'on engagerait les générations futures.

Je vais répondre à tout cela.

*
* *

Il est très possible, en effet, que *Jules Ier* soit *un génie* et que *Jules II* n'ait pas hérité du génie de son père. Je cherche cependant en vain, dans la longue série de nos rois, un prince véritablement incapable. Dix siècles durant et plus même, le principe de l'hérédité a été pratiqué dans notre pays et ce sont ces souverains, ces rois héréditaires qui ont fait la France ce qu'elle est aujourd'hui. Ils l'ont même faite autrement grande et puissante qu'elle ne l'est aujourd'hui. Cela ne prouve pas précisément que ces souverains aient été des imbéciles.

Mais, enfin,

Pour grands que soient les rois, ils sont ce que nous sommes.

Comme nous ils obéissent aux lois humaines.

Eh bien donc, *Jules Ier* vient de mourir; il avait fait de grandes choses. *Jules II* lui succède; on reconnait qu'il est profondément incapable.

On voulait bien de *Jules Ier;* on ne veut pas de *Jules II.*

Pourquoi cela?

*
* *

Mais d'abord, qui donc ne veut pas cela?

Ceux qui font cette objection, ceux qui ne veulent pas qu'il y ait, éventuellement, un homme incapable à la tête de l'État, ce sont précisément ceux qui disent :

« *Plus de pouvoir personnel* ».

O comble de la logique!

Car, s'ils ne veulent pas du pouvoir personnel, que peut leur faire que l'homme qui est au pouvoir soit un incapable? Ou bien, quel intérêt peuvent-ils avoir à ce que tel autre soit un homme de génie?

Qu'ils répondent.

Ils veulent la République afin, disent-ils, de pouvoir choisir pour Président un homme de grande valeur, de grand mérite.

Ils ne voient pas qu'ils se condamnent eux-mêmes et qu'ils infligent un démenti formel à leurs principes. Car, à quoi lui servira son génie, sa valeur ou son mérite, à ce Président, puisqu'il doit n'exercer qu'un pouvoir impersonnel, puisqu'il doit n'être qu'une simple machine à signer, puisqu'il lui suffira de savoir compter tout juste assez pour voir où est la minorité, où est la majorité de l'assemblée des représentants, puisque, si l'on consent à ce qu'il préside, on ne veut pas qu'il gouverne?

*
* *

Pour ma part, je suis absolument convaincu qu'un souverain héréditaire cherchera toujours moins à user de son autorité personnelle qu'un Président élu. L'histoire du passé le prouve : Louis XVIII, Louis XVI lui-même, avant même 89, n'ont jamais été aussi autoritaires que l'ont été tous les Présidents de toutes nos Républiques; que le consul de la République Bonaparte qui s'est fait élire empereur; que le président de la République Louis-Napoléon qui s'est fait élire empereur; que le président de la République Thiers qui menaçait de donner sa démission chaque fois que les députés ne faisaient pas ce qu'il voulait; que le président de la République Mac-Mahon qui a dû se retirer pour laisser la place à M. Grévy, lequel fait tout ce que veut Gambetta.

Jamais un roi — je parle d'un roi qui accepte en principe le gouvernement représentatif et l'on verra plus loin que le comte de Chambord ne veut pas installer en France un autre gouvernement que celui-là, — jamais un roi ne se montrera plus autoritaire, aussi autoritaire même que tous ces présidents de République-là.

N'ayant pas d'ambition personnelle à satisfaire, il gouvernera sagement, conformément aux lois, en s'inspirant des vœux légitimes du pays, nettement formulés par le choix des représentants.

*
* *

Un gouvernement comme celui-là, n'est pas un *gouvernement personnel* dans le sens vulgairement attribué à cette expression, c'est-à-dire dans le sens de *gouvernement tyrannique*. C'est, au contraire, le gouvernement vraiment libéral, tel qu'il est pratiqué chez les peuples les plus prospères et les plus libres en effet. Avec ce gouvernement, si le roi est un homme supérieur, les représentants du pays seront heureux de seconder ses projets utiles. Si le roi n'est pas un homme supérieur, cela n'empêchera pas les hommes de valeur de *percer*, de s'imposer à son choix, à sa confiance; leurs lumières suppléeront à l'insuffisance des siennes. Si le roi est enfant, la Régence saura lui donner d'habiles conseillers. Dans l'un ou dans l'autre cas, de grandes choses pourront être faites, parce qu'il y aura la stabilité quant au présent et pas d'incertitude quant à l'avenir.

Demander le rétablissement de la monarchie héréditaire ainsi pratiquée, ce n'est pas davantage vouloir enchaîner les générations futures. Le roi reste; ses institutions se transforment suivant les besoins du temps. La monarchie traditionnelle n'a jamais failli à cette mission. Charlemagne ne ressemble pas plus à Clovis que Philippe-Auguste à Charlemagne; Louis XI ne ressemble pas plus à Philippe-Auguste que Henri IV à Louis XI; Louis XIV ne ressemble pas plus à Henri IV que Louis XVIII à Louis XIV. Toutes les grandes réformes sages, nécessaires, c'est cette monarchie qui les a accomplies. C'est Philippe-Auguste qui a affranchi les communes; c'est avec le concours de Louis XVI que s'est opéré tout ce qu'il n'y a pas de mauvais dans ce qu'on appelle les conquêtes de la Révolution française; c'est enfin sous Louis XVIII que, pour la première fois dans ce siècle, la liberté a régné en France.

IX.

La liberté par la monarchie.

Et maintenant, ai-je besoin de dire que c'est la Monarchie Nationale qui doit être, dans nos prochaines luttes électorales, le centre de ralliement de toutes les forces honnêtes, de tous les hommes de bien et j'ajoute de tous les libéraux.

Les gambettistes, c'est-à-dire les républicains au pouvoir, sont définitivement jugés : ce sont des farceurs. Quel homme de bon sens, ami de la liberté, ami de la France, oserait voter pour eux? La liberté, toutes nos libertés, il nous les ont ravies! La France, ils l'ont abaissée et ils la compromettent encore.

Et alors, s'il ne faut pas voter pour eux, pour qui faut-il voter, si ce n'est pour ceux qui ont pris et prennent encore la défense des libertés que la République proscrit?

Pour ceux qui revendiquent les droits de la famille? Pour ceux qui donneraient toutes les garanties nécessaires aux intérêts religieux, *sans porter atteinte* à « *l'indépendance souveraine de l'État dans les choses temporelles* »? Pour ceux qui mettraient fin à l'anarchie d'en bas et aux dictatures d'en haut? Pour ceux qui entretiendraient la paix avec honneur? Pour ceux qui sauvegarderaient la dignité nationale? Pour ceux qui assureraient la sécurité de l'avenir? Pour ceux, en un mot, qui nous donneraient toutes ces libertés, tous ces droits, tous ces biens qu'il ne suffit pas de réclamer, qui ne peuvent exister sans un gouvernement protecteur, sans être confiés à la garde d'un pouvoir permanent, fort par son origine, stable grâce à son principe?

Pour qui, je le demande, pourrait-on voter, si l'on ne votait pas pour ceux-là?

*
* *

Est-ce pour les candidats d'une autre

République que celle de M. Gambetta? Mais, j'ai surabondamment prouvé que toutes les autres républiques, quelles qu'elles soient, nous mènent plus ou moins lentement, mais sûrement, fatalement, à l'anarchie d'abord, à la tyrannie ensuite. L'essai d'une République, soi-disant conservatrice et soi-disant libérale a été fait. Est-ce qu'il nous a empêché de rouler de Waddington en Freycinet, de Lepère en Constans, de Bardoux en Ferry? Est-ce qu'il a empêché la destruction de tout ce que nous respectons, la perte des libertés que nous aimons, la violation de nos droits les plus sacrés?

*
* *

Pour qui voter alors?

*
* *

Est-ce pour les candidats que nous présentera ce qui fut le parti de l'Empire?

Certes, je ne suis pas de ceux qui insultent l'Empire. Lorsque le jeune fils de Napoléon III tombait au Cap, percé de dix-sept coups de zagaïes, j'étais l'un des premiers à m'incliner devant le malheur qui atteignait le parti dont il était le chef.

J'écrivais ceci en tête de la *Gazette de Seine-et-Oise* :

« En présence de cette tombe si inopinément et prématurément ouverte, tout esprit de parti doit disparaître. Tous, nous devons nous incliner devant les impénétrables desseins de Dieu et comprendre l'immensité de la douleur de cette femme infortunée qui a droit trois fois à notre respect parce qu'elle est reine sans couronne, épouse sans époux et mère sans enfant. »

Voilà ce que j'écrivais le 23 juin 1879. Mais, est-ce une raison, parce que l'on n'insulte pas un parti vaincu, pour oublier le passé? Est-ce une raison, parce que des tombes à peine fermées vous imposent le respect, pour méconnaître les leçons de l'histoire? Le peuple, trompé en 1870, a pu voter alors une Constitution impériale. Mais, de cette Constitution, que reste-t-il aujourd'hui? Les terribles événements qui ont suivi le plébiscite ont tué l'Empire et toutes ses Constitutions. Le peuple n'avait pas voulu, en 1851 et 1852, se souvenir de la leçon de Waterloo : il a eu la leçon de Sedan. Et comme il n'a pas eu, en 1871, un Louis XVIII et un duc de Richelieu pour réparer les désastres du second Empire comme le Roi et son ministre avaient, en 1815, réparé les désastres du premier, le peuple n'oubliera pas cette leçon de Sedan.

Et puis, quels sont les hommes qui représentent aujourd'hui le parti de l'Empire? Ils sont exclus du parti par les impérialistes eux-mêmes, par ceux qui suivirent *César*, par ceux qui suivaient *Auguste*, par ceux qui auraient suivi *Marcellus*, mais ne suivront jamais *Tibère* (1), ce « prince

(1) Cette comparaison, entre les Empereurs romains et les Bonaparte, a été faite par l'un des

Napoléon » dont la politique a tous les vices de la politique républicaine, sans avoir aucune des qualités de la politique des précédents empereurs.

Et enfin, car j'en reviens toujours à la liberté, quand donc l'Empire, qui prétend s'appuyer sur le principe de *la volonté nationale*, quand donc l'Empire a-t-il donné la liberté?

Sous Napoléon Ier, comme sous Napoléon III, ce fut constamment un régime de fer. Une seule fois, en 1870, Napoléon III

---

principaux personnages du parti impérialiste.

Napoléon Ier, disait-il, grand politique, victorieux sur tous les champs de bataille, peut être comparé à *César* ;

Napoléon III, c'est *Auguste*, qui trouve une ville de briques et qui laisse une ville de marbre ;

Notre cher prince impérial, moissonné à la fleur de l'âge, c'est *Marcellus*, pleuré par tout le peuple romain ;

Et maintenant, hélas! celui qui nous reste, c'est *Tibère*.

tenta de donner un simulacre de liberté et, quelques mois plus tard, son Empire, tout puissant la veille, s'écroulait de fond en comble.

*
* *

La République ne nous donne pas la liberté ;

L'Empire ne nous l'a jamais donnée et, on vient de le voir, ne peut pas nous la donner.

Pour qui donc voter alors, si ce n'est pour ceux qui disent :

« LA LIBERTÉ PAR LA MONARCHIE. »

*
* *

Oui, la liberté par la monarchie. Et lorsque, sur les professions de foi, sur les affiches des candidats royalistes, on lira ce mot « *Liberté* », qu'on ne dise pas que ces professions de foi contiennent une déclaration contraire aux intentions ou aux volontés de Monsieur le comte de Chambord.

Le programme du comte de Chambord est là, prêt à confondre toutes les calomnies de ses adversaires, mais prêt aussi à donner aux déclarations de ses amis le précieux appui d'une parole dont la loyauté est garantie par un demi-siècle de fidélité.

Le programme de M. Gambetta a changé bien des fois et du tout au tout. Vingt fois — et à la veille surtout des journées où il allait se retrouver face à face avec ses électeurs, — vingt fois Mangin Sans Casque a dit et répété que « son contrat tenait toujours. »

Et, dans l'intervalle, le contrat ne tenait plus du tout....

Le comte de Chambord, lui, n'a jamais adapté son programme aux circonstances.

Dix fois, il lui eût suffi de changer un mot à ce programme, de rétracter une seule de ses paroles antérieures pour monter sur le trône :

Il ne l'a jamais fait, il ne l'a jamais voulu, il n'y a seulement jamais pensé.

Et, tandis que M. Gambetta, pour arriver à ses fins, sautait de la politique du charlatanisme à la politique des expédients, comme il saute aujourd'hui de la politique des expédients à la politique des aventures,

Le comte de Chambord, lui, restait inébranlablement fidèle à la politique des principes.

Pourquoi?

Précisément parce que la politique des expédients réduit tôt ou tard celui qui la pratique à avoir recours à la politique des aventures.

L'histoire de ce siècle le prouve. Elle prouve aussi que les aventures qui ont été la conséquence fatale de l'emploi des expédients, ont toujours conduit la France à deux doigts de sa perte.

*
* *

Est-ce à dire que cette politique de principes, qui est la politique de Monsieur le comte de Chambord, soit incompatible avec une politique de liberté ?

On va le voir.

Car si j'ai cru utile de répondre dans de précédents chapitres aux arguments sérieux, en apparence du moins, qui sont produits généralement contre le principe même de la Monarchie Nationale, il n'est pas moins utile de répondre aux sottes calomnies qui présentent ce régime comme un gouvernement tyrannique, absolu, arbitraire, vexatoire, comme un « gouvernement de curés », voulant rétablir les anciens privilèges, les anciens abus, la dîme, la corvée, le billet de confession, que sais-je encore ?

Dans un dernier chapitre, je vais — la

parole même du Roi m'y aidera constamment — confondre ces dernières calomnies. Après quoi, il ne me restera plus qu'à conclure.

Ma conclusion sera courte.

X.

Un contrat qui n'est pas de Belleville.

On a dit que le gouvernement du Roi serait un gouvernement tyrannique, absolu ;

Et je lis, au contraire, dans l'une des déclarations du Comte de Chambord, qu'il veut un pouvoir « *sans arbitraire* ».

On a dit que le gouvernement de Henri V serait un gouvernement personnel ;

Et le Comte de Chambord nous dit, au contraire, qu'il veut « *le gouvernement représentatif* ».

On a dit que le roi aurait la libre disposition des finances de l'État ;

Et je vois, au contraire, que le Comte de Chambord exigerait « *un contrôle sévère de toutes les dépenses publiques* ».

On a dit que le Roi se placerait au-dessus des lois ;

Et le Comte de Chambord nous dit au contraire : « je veux *le règne des lois* ».

On a dit que tous les emplois, tous les honneurs seraient donnés à la faveur, réservés aux seuls amis du Roi ;

Et voici que, au contraire, le Comte de Chambord proclame « *le libre accès de chacun à ces emplois et à ces honneurs* ». Que dis-je ? Il appelle « *tous les dévouements, tous les esprits éclairés, toutes les âmes généreuses, tous les cœurs droits, dans quelque rang qu'ils se trouvent et sous quelque drapeau qu'ils aient combattu jusqu'ici à lui prêter l'appui de leurs lumières, de leur bonne volonté, de leurs nobles et unanimes efforts* ».

On a dit que le Roi nous confisquerait toutes nos libertés ;

J'ai établi que la liberté n'était, au contraire, possible qu'avec la Monarchie Nationale et le Comte de Chambord nous garantit, en effet, que, sous son règne, « *la liberté religieuse, toutes les libertés civiles seraient consacrées et hors d'atteinte* ».

On a dit que l'administration Royale serait tracassière, vexatoire ;

Et le Comte de Chambord nous promet, au contraire, que « *l'Administration intérieure serait dégagée des entraves d'une centralisation excessive* ».

On a dit, pour faire peur au paysan, que l'avénement de Henri V ferait augmenter les charges, si lourdes aujourd'hui, qui pèsent sur la propriété foncière, sur *la terre* qui est toute la fortune de nos cultivateurs ;

Et la prospérité de nos finances renaissant avec la sécurité de l'avenir, le Comte de Chambord nous assure que l'un de ses premiers soucis serait, au contraire, de faire « *diminuer les charges actuelles* » afin de « *rendre la vie et l'indépendance à la propriété foncière* ».

On a dit que le Roi « *ne daignerait pas* » s'occuper du sort de la classe ouvrière;

Et, au moment où la misère est plus effroyable que jamais; lorsque le budget de l'assistance publique (je parle ici de Paris seulement) qui, en 1869, était de vingt millions à peine, s'élève aujourd'hui, en 1881, à 137 millions et demi; lorsque le nombre des indigents secourus par cette même assistance publique dépasse 200.000 (il était de 110.000 à peine en 1869) et dans ce chiffre je ne compte que les indigents inscrits dans les mairies et non les pauvres qui n'avouent pas leur infortune ni ceux qui sont secourus par les œuvres catholiques en nombre si considérable; lorsque la misère en est arrivé à ce degré; lorsqu'elle est aussi épouvantable dans toutes nos grandes villes et dans nos campagnes que je viens de la montrer à Paris, le Comte de Chambord a prouvé, au contraire, que *la question ouvrière* était l'objet de ses constantes préoccupations. Pendant que nos réformateurs socialistes prétendent guérir le mal sans en connaitre les causes, le Comte de Chambord, lui, en homme pratique, a recherché ces causes et il les a indiquées : c'est *la faiblesse de l'individualisme ; ce sont les abus de la concurrence ; c'est enfin la domination du monopole industriel.* Et alors il a dit : « *A l'individualisme il faut opposer l'association ; à la concurrence effrenée, le contre-poids de la défense commune ; au monopole industriel, la constitution volontaire et réglée des corporations libres. Il faut rendre à l'ouvrier le droit de se concerter, en conciliant ce droit avec les impérieuses nécessités de la paix publique, de la concorde entre les citoyens et du respect du droit de tous. Le seul moyen d'y parvenir est la liberté d'association, sagement réglée et renfermée dans de justes bornes* ». Le Comte de Chambord, on le voit, n'a pas des attentions rien que pour *les patrons.* Et pendant que M. Gambetta dîne avec ces derniers, ce prince, dont de ridicules préventions prolongent seules l'exil, pense aux *travailleurs.* On vient de l'entendre revendiquer la *liberté d'association.* Il va plus loin : « *Ici*, dit-il, *la communauté d'intérêts entre les patrons et les ouvriers sera une cause de concorde et non d'antagonisme. La paix et l'ordre sortiront de ces délibérations où, selon la raison et l'expérience, figureront les mandataires les plus capables et les plus conciliants* DES DEUX CÔTÉS. *Une équitable satisfaction sera ainsi assurée aux ouvriers.* ». J'ai répété ce que l'on avait dit : Que dira-t-on de cela ?

Mais on dit encore — car, que ne dit-on pas ? — que le gouvernement du Roi serait le « *gouvernement des curés* ».

Or, non-seulement le comte de Chambord n'a jamais déclaré qu'il tolérerait que les « curés » intervinssent dans les affaires de son gouvernement, mais il a, au contraire, très nettement indiqué les rôles respectifs de chacun. Certes, il laisserait « *à l'Eglise la liberté qui lui est nécessaire pour l'administration des choses spirituelles* ». Mais il ajoute d'autre part que « *les Evêques et tous les autres membres du clergé ne sauraient éviter avec trop de soin de mêler la politique à l'exercice de leur ministère sacré et de s'immiscer dans les affaires qui sont du ressort de l'autorité temporelle* ». — Ce n'est pas là, ce me semble, le langage d'un homme disposé à se laisser mener par « les curés ».

*
* *

Voilà ce que la loyale parole du comte de Chambord a constamment répondu à ses calomniateurs.

Est-ce un gouvernement despotique, celui-là ? Est-ce un *régime du bon plaisir* que nous promet le comte de Chambord ? Et ne voit-on pas, au contraire, que toutes les questions qui nous agitent, qui nous divisent sont l'objet de ses préoccupations et qu'il les résout toutes dans le sens le plus large, le plus libéral ?

Ses déclarations constituent un véritable programme et ce programme est une sorte de contrat qu'il a proposé au pays.

Ce contrat, je le reconnais, n'a pas été signé à Belleville,

Mais, en vaut-il moins ?

*
* *

J'entends que l'on me dit : « Oui, certainement, *il vaut mieux* ... Mais ce sont là des paroles et, qui nous garantit que les promesses du comte de Chambord seraient tenues ? Car enfin, si Gambetta a été infidèle à son programme, qui nous prouve que M. le comte de Chambord serait fidèle au sien ? ».

Voila la question : je n'ai pas le droit de l'éluder. Il me serait permis seulement, au point où j'en suis arrivé de cette étude, de m'étonner que l'on ose établir une comparaison entre M. Gambetta qui a violé tous ses serments et Monsieur le comte de Chambord dont la parole — je l'ai prouvé — n'a jamais varié.

Mais, je passe là-dessus.

Et, alors, considérant que nous vivons dans un pays qui change de gouvernement tous les quinze ans en moyenne, je me demande si ceux qui mettent en doute la loyauté de la parole de Monsieur le comte de Chambord ne feraient pas mieux de se dire :

« Tiens, si nous l'appelions..... *rien que pour voir* ».

Je le répète, on ne changerait pas grand chose aux habitudes de notre malheureux pays en changeant son gouvernement. Et il en est temps, car la République nous mène en droite ligne aux aventures. Il est certain, en tous cas, que si la Monarchie Nationale prenait sa place demain, très régulièrement d'ailleurs, à la suite des élections générales, par exemple, la France, dont le salut est en jeu, ne perdrait pas au change.

***

Oui, il serait temps de rappeler cette

vieille monarchie, toujours jeune.... même « *rien que pour voir* ».

Pour ma part un essai semblable me laisserait absolument sans inquiétude quant à ses résultats.

Mais, pourquoi faire *un essai ?*

Pourquoi une arrière pensée peut être ? Pourquoi ne pas dire : « Rappelons la monarchie, *à titre définitif*, pour toujours et tréve, pour toujours aussi, à ces sottes révolutions périodiques, qui font mourir la France à petit feu, *lentement, mais sûrement* », comme a dit Mangin Sans Casque.

Est-ce que ce langage ne serait pas plus patriotique que celui qui consisterait à dire : « Rappelons la monarchie, *à titre d'essai ?* »

Car, encore une fois, pourquoi un essai ?

Est-ce que cet essai n'a pas été fait et est-ce qu'il n'est pas concluant? Est-ce que cette monarchie dont nous demandons la restauration, dans l'intérêt de la liberté et dans l'intérêt du pays n'a pas existé déjà ?

Est-ce que son souvenir n'est pas encore vivant dans l'esprit de milliers et de milliers de Français qui sont là pour dire : « *Nous attestons* » lorsque j'affirme que la monarchie traditionnelle est un régime de liberté, de prospérité ; pour dire aussi : « *Vous mentez* » à ceux qui prétendent le contraire? Est-ce que d'innombrables contemporains de Louis XVIII ne vivent pas encore? Est-ce qu'il n'y a pas des millions d'autres Français, moins âgés, qui savent par leurs pères et par leurs mères, comme les septuagénaires le savent par eux-mêmes, que la dîme, que la corvée, que les anciens abus n'existaient pas plus et existaient peut-être moins en 1820 qu'ils n'existent en 1881 et que la confession n'était pas plus obligatoire alors qu'elle ne l'est aujourd'hui?

Ah ! si l'un d'eux, si un seul des témoins oculaires de ce passé dont j'évoque le souvenir, peut venir me dire : « Oui, tous ces abus existaient » ; si un contemporain de Louis XVIII peut venir me prouver que nous avons plus de libertés aujourd'hui que sous Louis XVIII... Eh bien, je le dis avec la plus entière sincérité :

Je rétracte tout ce que j'ai écrit dans ce livre ; je proclame que M. Gambetta est un grand homme ; je m'engage à lui offrir, à titre de réparation, un Casque plus splendide que celui de feu Mangin et je reconnais que c'est moi qui suis « le farceur ».

CONCLUSION

J'ai fini :

J'ai passé en revue tous les partis qui se disputent la France comme une proie.

Les uns nous mènent à une tyrannie nouvelle par le charlatanisme : j'ai nommé le parti de Mangin Sans Casque.

Les autres nous mèneraient à l'inconnu au moyen des pires expédients : je veux parler des républiques qui se disent *modérée, libérale, conservatrice*, etc., etc.

Ceux-ci promettent l'impossible et, en attendant, emploient la dictature : c'est l'ancien empire.

Ceux-là iraient à la honte par la voie de la honte : c'est l'empire du César déclassé.

Que reste-t-il alors, je le demande, en

présence de cette Monarchie Nationale à laquelle l'union de tous les princes de la Maison Royale donne aujourd'hui de nouvelles et si grandes garanties de stabilité?

Quel parti peut, même au nom du bon sens, même au nom de la logique, rivaliser avec celui qui a l'honnêteté et la franchise pour moyen, la grandeur et la liberté pour but?

Il n'y en a pas.

*
* *

Je me trompe :

Il y en a un.

C'est celui qui veut l'anarchie par l'anarchie et qui le dit tout haut.

J'ai entre les mains un de ses journaux qui, comme sous-titre, porte ces deux mots :

« **Organe anarchiste** ».

Si c'est là ce qu'on veut? Si, pour conserver *le mot* RÉPUBLIQUE on ne recule pas devant l'anarchie? Si, à la liberté, à la France, à sa grandeur morale et à sa prospérité matérielle, on préfère *la République?*

Eh bien, soit :

Qu'on vote pour *les candidats de l'anarchie*;

Qu'on vote pour Félix Pyat, pour Trinquet, pour Gaillard; qu'on vote pour des candidats *morts* comme le proposait la citoyenne Louise Michel; qu'on vote pour Flourens, pour Rossel, pour Blanqui; qu'on vote pour Louise Michel elle-même, comme certains le conseillent...

Ceux-là, du moins, ne sont pas des *farceurs*.

Ils disent — je parle des vivants — ce qu'ils pensent et l'on sait par les autres — ceux qui sont morts — qu'ils font ce qu'ils disent.

*
* *

Qu'on vote donc pour *les candidats de l'anarchie*, si le cœur en dit. On fera une chose néfaste, épouvantable, criminelle. On commettra un crime de lèse-liberté et de lèse-patrie...

Mais, au moins, on fera une chose *logique* :

Qui veut l'anarchie doit, *logiquement*, voter pour l'anarchie.

Mais vouloir ce que je disais tout à l'heure, vouloir la liberté, aimer la France, désirer sa grandeur morale et sa prospérité matérielle et voter pour des Gambettistes, pour ces farceurs, pour ces saltimbanques qui ne veulent rien de cela et qui n'aiment qu'eux, en vérité, ce serait le comble de la folie, le comble du non-sens, le comble de la naïveté,

Et l'on n'a pas le droit d'être naïf à ce point.

Ces gens-là se moquent impudemment de nous : que celui qui en douterait encore relise ce livre car il l'aurait mal lu...

Autant de pages, autant de preuves de leur impudence...

Et, alors, qu'il dise, en son âme et conscience, s'il y a une autre solution que celle que j'ai indiquée?

Qu'il dise si la *Royauté*, à laquelle Victor Hugo va, dans un dernier chapitre — précieuse annexe de mon travail — rendre un hommage qui sera l'admirable confirmation de ce que j'ai écrit dans ces dernières pages, que le lecteur attentif et impartial dise si la *Monarchie* ne peut pas seule, en effet, sauver la France en nous sauvant, une fois pour toutes, d'une inévitable *anarchie* ?

*
* *

Anarchie ou **Monarchie?**

La question est posée :

Aux électeurs de répondre.

ANNEXE

LA ROYAUTÉ.

Oh! que la Royauté, puissante et vénérable,
Fille aux cheveux blanchis, des âges révolus;
Perçant de ses clartés leur nuit impénétrable,
Où tant d'astres ne brillent plus;
Soumettant l'aigle au cygne et l'autour aux colombes;
S'élevant de tombes en tombes;
Géant que grandit son fardeau;
Consacrant sur l'autel le fer dont elle est ceinte,
Et mêlant les rayons de l'auréole sainte,
Aux fleurons du royal bandeau;

Oh! que la Royauté, peuples, est douce et belle!
A force de bienfaits elle achète ses droits.
Son bras fort, quand bouillonne une foule rebelle,
Couvre les sceptres d'une croix.
Ce colosse d'airain, de ses mains séculaires,
Dans les nuages populaires,
Lève un phare aux feux éclatants;
Et, liant au passé l'avenir qu'il féconde,
Pose à la fois ses pieds, en vain battus de l'onde,
Sur les deux rivages du temps.

VICTOR HUGO.

TABLE DES MATIÈRES

DEUXIÈME PARTIE.

L'honnêteté pour moyen.

Paris. — Imp. Ph. Hérault et Cie, 194, rue de Lafayette.

www.ingramcontent.com/pod-product-compliance
Ingram Content Group UK Ltd.
Pitfield, Milton Keynes, MK11 3LW, UK
UKHW012037240726
13965UKWH00003B/858